幸福と人生の意味の哲学

なぜ私たちは生きていかねばならないのか

山口尚

TRANSVIEW

はじめに

私は自分の仕事を神聖なものにしようとしていた――有島武郎

救われたい――と私はときに強く願う。とはいえ、ただちに、このように願うことがそもそも救われていないことの証拠であり、加えて、こうしたことを願っている限り救われることはないだろう、と気づく。要するに、苦しいのであり、この苦しさがまたさらに苦しいのである。そこに出口はなく、叫び声をあげたとしても何も変わることはない。

冒頭でエピグラフとして掲げたのは有島武郎(たけお)の『生れいづる悩み』の一文目だが、その言葉を鏡にして自分の本を眺めると私はふたつの事柄を見出す。

第一に、この本を私はいわば死ぬ気で書き、何かしらの「神聖な」ものに高めようとした。これは心構えの話であり、一文一文を鉄筆で削り出し、覚悟を欠いた「中途半端な」ことは何ひとつ書かないぞ、という姿勢で書いた。自らに救いをもたらす何かを書きたかった、ということである。

とはいえ、第二に、本書はいかなる意味でも「神聖な」ものにならなかった。有島の文の

「しようとしていた」という過去形は今や挫折の告白として響く。試みの果てに得られたものは、かえって限界の自覚であった。自分の言葉は「神聖な」ものに届かない。仮にどこかに「神聖な」ものがあるとすればの話だが、いや、私はあると信じるのだが、結局それは言葉によって摑みとることができなかった。言葉によっては——。

本書は「幸福」と「人生の意味」を哲学的に考察するものです。話の全体の流れをあらかじめ述べておきましょう。

本書の前半——第1章と第2章——は「絶望」が通奏低音になります。誰でも簡単に幸福になれる、などということはありません。努力は必ず有意味に実を結ぶ、ということも単純には言えません。国家や歴史に身を捧げることが人生を有意味にする、という見方も決して絶対的ではありません。そうではありませんか。すなわち、実際に、人生は苦悩で満ちみちており、何をしたところで根本的には虚しいではありませんか。ひとはしばしば、かりそめの幸福感を得るために、こうした自らの「悲惨さ」から目を逸らします。しかしながら私は、それは不誠実だ、と言いたい。私たちは自己欺瞞に陥らないためにかかる不条理な現実をしかと直視せねばなりません。ある意味で、幸福なひとはいない。そして同時にある意味で、どのひとの生も無意味であるのです。

本書の後半——第3章と第4章——は、相変わらず抜け出すことのできない絶望を基調としつつも、そこから目線を「上に」向けたいと思います。惨めに見捨てられた私たちであるのですが、上を向けば空が広がっています。地上的なものはたしかに地上的であらざるをえないのだが、雲の向こう側にある何かしらの星が、夜を夜としながら、私たちを照らしています。——私は本書において、こんな具合の人生の意味を、同じくこんな具合の幸福を、「語り」たいのです。

この本全体で提示したいのは、幸福も人生の意味も「超越的」であり、それらは語りえぬものなのだ、というテーゼです。とはいえ幸福や人生の意味が語られえないとはどういうことか。そもそも本書は幸福や人生の意味について「語ろう」としているではないか。となると私のやっていることは「矛盾している」のではないか。本書の主張は自家撞着なのではないか。これは自然な問いであり、この本が行なっていることが何であるのかを理解する際に重要になる点だと言えます。実に——この点も徐々に明らかになってくるが——私は本書において自らの試みの「矛盾的な」本質に一貫して自覚的であろうとしました。なぜなら、第一にそれが誠実な行き方だと思われるからであり、第二に「幸福」や「人生の意味」を哲学的に取り扱う際に不可避の行き方だと考えられるからです。実にこの本はときにある種の「矛盾」を主張することを辞さない。本書は、こうしたやり方で、語りでもって語りを超えていく——この意味でそれは「弁証法的」だと言えるでしょう。

本書のスタンスについてあらかじめ二、三述べておきたい。

私はこの本で、「幸福」と「人生の意味」という主題に関して、私自身が重要と思えることを書こうと考えています。そしてもっぱら、何かしら私と似た仕方で苦しみ悩むひとたちの心に響くようなものを書く、ということを心掛けます。これは少なからぬひとたちを読者から排除することを意味しうるのですが、そもそも——本論において徐々に明らかになる事柄なのですが——「幸福」や「人生の意味」をめぐる個人の譲れない声が万人の心に区別なく響くということは無いでしょう。それゆえ思うに、「幸福とは何か」や「人生の意味とは何か」へ答える一般性の高い理論を構築する、などの作業は不可避的に馬鹿ばかしいものになります。したがって本書は純粋な理論書を目指しません。むしろ私はこの本を、幸福と人生の意味をめぐる生の実践として書きました。この本は、言ってみれば、私の人生の一部であり、実際に私にとっての〈生きること〉であるのです。

加えて、本書は私の哲学観の表明でもあります。すなわち、《哲学とは何か》に関する私自身の立場が本書の議論においては表明されている、ということです。現在、「アカデミックな」哲学界では、幸福論において異なる諸見解の各々に「……説」や「……論」や「……主義」などの名称を与えてそれらを比較検討する作業がしばしば行なわれますが、私はこうした道を進みません。すなわち、例えば「快楽説」・「欲求実現説」・「客観的リスト説」（後述）の三つのうちのどれが正しいのか、などを問うことによって幸福を論じる、という「業界的な」道を進むつもりはないということです。私は本書の語りでもって、近年のあるタイプの幸福論のあり方が歪（ゆが）んでいる、ということを示したいと考えています。

同じ点を別の角度から敷衍（ふえん）しましょう。私は、幸福と人生の意味の哲学においては「どの説が正しいのか」と問う仕方で考察を進めることは不適切であり、むしろ〈幸福および人生の意味の諸側面について理解を深めること〉の方が実り豊かだ、と考えています。それゆえ、本書を読んでくださる方には、「理論の正しさ」を軸に思考することと「理解の深まり」を軸に思考することとの違いに留意することをお願いしたいと思います。なぜなら両者の間には実際に根本的な違いがあるからです。本書は〈正しい立場を探す〉という「分かりやすい」道を進まないのですが、その具体的な歩みは《正しさ以外のものを軸として哲学することは可能だ》ということの証になるでしょう（少なくとも私はそうなることを期待します）。

ちなみに本書では「である」と「ですます」を混交した文体が採用されていますが、その目的は、文末のバリエーションを増やして、読み進めるのに妨げとなりうる「単調さ」を避けることです。こうした文体は例えば中島義道の『哲学の道場』（ちくま文庫、２０１３年）でも採用されており、私はそれを大いに参考にしました。

最後に、哲学を専門にする読者に対して必要な一言。

「幸福」・「人生の意味」・「救い」などをめぐる哲学の歴史において、本書はある種の「宗教性」を志向あるいは指向する幸福論の系譜に属しています（ここに属しうるのは例えばスピノザや前期ウィトゲンシュタインなどです)。ここで「だがそれはどのような種類の宗教性か」と問われれば、私は第一に、それは既存の宗教団体の信仰には必ずしも関わらない種類である、と答えます。なぜなら、私には、そうした教団の多くは〈語りえぬもの〉への敬意を欠くものに見えるからです。本書が大事にする「宗教性」は、むしろ、超越をそれとして尊重するタイプのものです――そしてこれについては《この種の宗教性の喪失は哲学の浅薄化に繋がる》とさえ言いうると考えています。

私は現在の日本で哲学に取り組む者のひとりとして《私たちはどう哲学すべきか》を気にせざるをえないのですが(私は状況的にこの学的関心に巻き込まれている)、この点に関して自らの立場を明確にしておきたい。すなわち、私たちは、宗教性の否定あるいはその完全忘却に陥らない仕方で、哲学に取り組むべきだ、と。つまり、哲学的人生行路の少なくとも何らかの時点で「信仰」と向き合うべきだ、と言っているわけです。本書にも、私の、すなわち誰も代わりえない私自身の、信仰告白の側面があります。こうした実践でもって、哲学を「非信仰的」な「合理的」理論へ同化させようとする現代的風潮(私はそうしたものが存在すると考えますが)に一石を投じたいと考えているのです。

目次

第3節　幸福の幻想性と脆弱性

第2章　人生の無意味さ

第4節　死と人生の意味

第5節　国家や歴史は人生に意味を与えるか

第4章 幸福の可能性と現実性

装丁　水戸部功

第1章

幸福の難しさ

第1節　幸福のどうにもならない側面

(1) この世の不幸

本書では幸福と人生の意味を哲学的な観点から考察するのですが、そもそも「哲学的な観点から考察する」とは何を意味するでしょうか。ここでは「哲学は、現実をしかと直視する独自の流儀なのだ[1]」という、ドイツの哲学者のノルベルト・ヒンスケの言葉を押さえておきましょう。本節も、〈現実をしかと直視する〉というやり方で、本書のテーマへ足を踏み入れていきたいと思います。そしてこれはこの本における一貫した探究姿勢でもあります。

第1節から第3節まで（すなわち本章）で確認したいことは、《私たちは不幸である》ということ、あるいはより正確には《私たちは、ある意味で、不幸であることを避けられない》ということです。そして、この点を押さえる出発点として、本節では《自らのコントロールによって幸福になることはできない》という、幸福のいわば「どうにもならなさ」を確認します。実に、幸福になることは簡単でない。そして、本書においてはいずれ、《私たちが幸福になることはある意味で不可能だ》とさえ指摘されるでしょう。

誤解のないように注意しておくと、私はこう指摘することで読者を嫌な気分にさせたいわけではありません。本書の終盤では、私たちが根本的な（前段落とは別の）意味で「幸福」である可能性が追求されます。どんな境遇であれ、幸福への道が閉ざされたひとはひとりもいない、というのが本書で究極的に述べたいことのひとつです。とはいえ、この点をしっかりと捉えるためにも、私たちは自らの不幸を「しかと直視」せねばならないのです。

本書の出発点として、わが国の哲学者の三谷尚澄（みたになおずみ）（現在、信州大学で教鞭をとる）が彼の本の序文で紹介している、いじめられた少女のことに触れさせてください。三谷は本の冒頭で次の話を紹介しています。


深い孤独を抱えながら、十二歳の少女はみずから命を絶った。学校は彼女の痛みに気づき、両親はいじめについて本人から伝えられていたのに、彼女の死を防ぐことはできなかった。

いじめが始まったのは五年生のころ。フィリピン人の母親が授業参観にやってきたことがきっかけだった。はじめはなにげない気持ちだったのだろう、同級生のひとりが容姿の

［１］ヒンスケ『人生経験と哲学』（平田俊博他訳、以文社、１９９３年）、11頁

ことなどをはやし立てた。「お前も母親もゴリラみたい」――。

その日を境にいじめは加速する。「くさい」、「風呂に入ってるの？」、「あっちいけよ、うっとおしい！」　逃げ場のない教室の中で、情け容赦のない言葉が少女の胸を深々とえぐる。当時の担任の努力で一度は収まったが、六年生のクラス替えで教員が替わり再燃した。登校時間になると「頭が痛い」とぐずる。「転校したい。遠くても歩くから」と少女は両親に泣いて頼んだ。

給食の時間もひとりぼっち。級友たちはそれぞれにグループを作り、楽しげにお昼のひとときをすごす。「仲間に入れて！」、「わたしだけ無視するのはもうやめてよ！」　心の中で響きわたる必死の思いを言葉にすることもできず、少女はひとり、追いつめられた気持ちで午後の授業を待った。[2]

いじめは人間が行なうことなので、周囲がそれを「不幸」と呼んで放置することは許されません。とはいえ、視点を少女自身の主観に置くと、いじめは最大級の不幸だと言えます。自分の責任やコントロールがまったく及ばないところで、一方的に苦しめられ、傷つけられる。「自分が何をしたのだ？」、「なぜ？」と問うても答えはなく、ただ暗闇だけが続く。いまも、世界中に、いじめられている子あるいは大人はいるでしょう。このことはそうした不幸な毎日を耐えているひとが無数にいることを意味します。

いじめられた少女はどうなってしまったのかと言えば、先の引用の冒頭にあるように、彼女は自ら命を断ちました。自死に繋がる直接の出来事を三谷は次のように語っています。

少女が最後に姿をみせたのは、前から楽しみにしていた校外学習の日。「いつもと違う一日だし、今日くらいは、ひょっとしたら誰か話しかけたりしてくれないかな。勇気をだして、「一緒にやろう」とか、頑張ってわたしのほうから声をかけてみたりできないかな――」。そんなふうに、否応なくのしかかる大きな不安のまん中に、ほんの少しの祈りにも似た願いを混じらせて、少女は学校の門をくぐり、教室に向かったのだろう。しかし、少女が振り絞った精一杯の勇気とほんのわずかな希望を待ち受けていたのは、想像を超えて残酷な級友の言葉だった――。

「なんでこんなときだけくるの[3]」

私たちの生には言葉を失う瞬間がありますが、少女に対して「なんでこんなときだけくるの」という言葉が投げかけられたという事態について私は何を言うべきか分かりません。実

［２］三谷尚澄『若者のための〈死〉の倫理学』（ナカニシヤ出版、２０１３年）、３‐４頁
［３］三谷『若者のための〈死〉の倫理学』、４頁

際、何を言ったところで単純化になるだろうし、軽々しく教訓めいたことも言えない。だからといって、こうした「不幸」が在る、という事実から目を逸らすばかりでもいけない。少女は残酷ないじめの末に自らの命を断った——これは私たちの世界で生じた否定しえない事実です。

(2) なぜ生きていかねばならないか

実に、この世は苦悩や苦痛で溢れています。そうした苦しみのうちのいくつかは人間の手によって解消できるでしょうから、私たちは《いかにして理不尽な苦難を減らすか》を考え続ける必要があるでしょう。そしてこうした課題はしばしば工学や社会学などの「現場性」の高い学問の主題になります。他方で、不幸に対する哲学の関心はもう少し「抽象的」で、もう少し「根本的」なものです。

例えば先に紹介した三谷は、自殺した少女をめぐって、次のように問います。自分は彼女にどのような根拠で「生きねばならない」と言いうるだろうか。例えば「命は大切なものなので死んではダメだ」などと言いうるだろうか。これは、言ってみれば、《どうやっていじめをなくすか》などとは違う次元の問いです。三谷は続けます。

でも、どうして？　辛くて苦しいことばかりの毎日なのに、生きなければいけない、死なないでいなければいけない。そう言われることの理由はいったいなんですか？　彼女にそう問い返されたら、わたしはどんな言葉を返すことができるだろうか。「生きていたってなんにもならない。毎日悲しい気持ちを抱えて泣いてばかりで、わたしなんて生まれてこなければよかったとしか思えない！」　だれよりも痛切に、どれほどの共感も届かない深い孤独の闇の中で、一切のごまかしなく体全体から発される十二歳の少女の悲鳴に向かって、わたしにいったいなにが言えるというのか。[4]

本書も同様の問いに取り組みます。簡潔に定式化すれば「不幸なのに、どうしようもなく苦しいのに、死んだ方が楽であるのに、なぜ生きていかねばならないのか」という問いです。こうした問いに向き合うとき、私たちは〈人生の意味〉というテーマにも入り込んでいくことになるでしょう。後の諸節で「不幸なのに生きる意味は何か」なども問われることになります。要するに、この世の不幸を「しかと直視」しながら、幸福と人生の意味について考えていく、というのが本書で行ないたいことです。

本書において私が一線を画したいのは、例えば「幸福とは何か」をいわば競技ディベートのような仕方で扱う、近年の英語圏の哲学的幸福論のやり方のひとつです。わが国では例え

［4］三谷『若者のための〈死〉の倫理学』、６頁

ば森村進『幸福とは何か』(ちくまプリマー新書、2018年)がこうした方向性で幸福を論じていますが、彼の議論の問題点については折に触れて説明するつもりです。あらかじめ一般的なことを述べれば、「幸福とは何か」に関する主義主張について、《どれが正しいのか》という観点から各々の立場の長所や短所を吟味する、というのは幸福の論じ方として歪んでいる、ということ。それでは魂がまったく震えません。もちろん、魂が震えるかどうかなどどうでもいいと考えているひとが、あの種の議論を楽しむわけなのですが、本書は「それでは駄目だ」と明示的に主張します。

(3) 幸福の外在的側面

「幸福とは何か」について快楽説・欲求実現説・客観リスト説(後述)のどれが正しいのかを問う、などのディベート的なやり方よりも望ましい方途が、幸福のいろいろな側面に関する私たちの理解を深めることです。本節では、幸福の「外在的側面」と呼びうるものを確認しましょう。この側面は《幸福であるか否かは、根本的には、個々人のコントロールを超えている》という事態と関連します。

まずは具体的な話をしたいと思います。作家の石井光太は、いわゆる最貧国を訪れ、そこに生きるひとの暮らしのルポルタージュを記していますが、例えばケニアの路上で生活する「シンナー中毒の」女性たちについては次です。

彼女たちは一人では生きていけませんから、大抵路上で一緒につるんでいる男性を夫にして世帯を持っています。無論、こうした夫がまともであるわけもなく、ほとんどが薬物中毒か、その売人です。薬物を通じて仲良くなるのです。

こんな女性の一人に、ルーシーという人がいました。二十二歳で一歳にも満たない乳飲み子を抱えていました。彼女の夫は薬物の売人です。彼女は朝起きるとすぐにシンナーを吸いはじめ、それをしながら赤ん坊に母乳をあげていました。彼女の口癖は次のようなものでした。

「シンナーを吸っている方が、お乳の出がよくなるんだ」

もちろん、そんなことはありません。シンナーに含まれるトルエンがつくりだした幻覚なのでしょう。[5]

ルーシーは絶対的に不幸だ、と言うつもりはないですが（実際、他人の幸・不幸を判定することにはデリケートな問題が付随します）、それでも「シンナーを吸っている方が、お乳の出がよくなるんだ」が口癖になるような生活は無視できない不幸を含みます。私は、本書の後

［5］石井光太『ルポ 餓死現場で生きる』（ちくま新書、２０１１年）、２４６頁

の方で、ルーシーが彼女なりの仕方で生きていることを肯定できるような何かを書きたいと考えていますが、それでも現段階では彼女の不幸に目を向けたい。石井はルーシーとその夫の暮らしについて以下のように続けます。

夫はいつも街中をフラフラしながら色んな女性と関係したり、薬物を売ったりしていました。薬物を取り扱っていたため、女性には事欠かなかったようです。依存症の女性に「薬物をあげるからセックスをさせてくれ」といえば、ほとんど断られませんから。とはいえ、たまには夫もルーシーのもとに帰ってきました。そんなとき、彼はシンナーで酩酊しているルーシーを突然押し倒してスカートをまくりあげ、有無もいわさずに性行為を強要しました。[…]

私はルーシーに痛くないのかと尋ねました。すると、彼女は次のように答えました。「シンナーを吸っていれば、そんな痛みは感じないよ。それより、彼は一発やると、満足してシンナーを置いていってくれるんだ。そっちの方が嬉しい[6]」

ルーシー（およびケニアで同じように路上で暮らす女性）の生活も、例えば先進国の比較的裕福な暮らしの人間の言葉を失わせるところがあります。そのためか、これまでの幸福論のいくつかは、ルーシーに見舞われるような壮絶な不幸を視界の外に置いて、より語りやすい不幸ばかりを語っています（例えば、Ａさんの配偶者が浮気するなどの想像上の事例を取り上げ、そんなものを論じてばかりいる）。もちろんそうした道行きには一定の合理性と正当性があるのでしょうが、本書は思わず目を逸らしたくなる現実から目を逸らさないようにして進んでいきます。なぜなら――後の節で詳しく説明しますが――幸福論は〈目を逸らすこと〉に注意深くなるべき特別の理由を有するからです。

ルーシーをめぐる石井の叙述を踏まえて指摘できることは以下です。ケニアにルーシーのような境遇の女性がたくさんいる点に鑑みると、彼女の苦しみは彼女の個人的な怠惰さや邪悪さの結果だとは必ずしも言えない。むしろ彼女は、たまたま、現代のケニアの一定の状況で生を受けたために、不幸にも、シンナー中毒で路上生活をすることになった、と言えそうです。

ひとが出生地や時代や性別を選んで生まれてくることはできないという事実は、ときに私たちを戦慄させます。例えば、ある意味で、私やあなたはケニアの貧しい女性として生まれることがありえたし、ルーシーは先進国の裕福な家庭の子どもとして生まれることもありえました。それゆえ、ルーシーの直面する苦しみは私の苦しみだったかもしれず、アメリカやヨーロッパのいわゆる「上流」家庭の享受する豊かさはルーシーの豊かさであったかもしれ

［６］石井『ルポ　餓死現場で生きる』、２４６－２４７頁

ないのです。ここでは「運の支配（the rule of luck）」と呼びうる事態が生じていると言えます。

一般的に《私たちの生のさまざまな点に偶然や運が関与している》というのは否定できない事実なのですが、幸福であるか否かも根本的には個々人のコントロールを超えた事態です。粗っぽい言い方になりますが、裕福な家に生まれ家族に恵まれて一生不自由なく暮らすこと（「幸福な生」のひとつの典型）と極貧の家庭に生まれ差別を受けて辛酸をなめ続けること（「不幸な生」のひとつの典型）のいずれを生きるのかは、個々人の選択によるというよりも、むしろ運の問題です。もちろん、「貧しい家庭に生まれたが努力によって幸福を摑みとった」と記述できるようなケースもあるでしょうが、不運が邪魔をし続けていたとしたら、そうした成功も生まれなかったはずです（あるいは、よく言われることですが、そもそも努力できる才能を授かっているかどうかが運次第です）。

同じことがいじめに起因する不幸についても言えるでしょう。たしかにいじめはいじめる側の意図にもとづく行為でもあるので、周囲の人間はいじめる側がそれを止めるよう働きかけることができます（そしてそう働きかけることはみんなの義務でもあります）。とはいえ、いじめられる側からすれば、いじめを被（こうむ）るかどうかは彼女あるいは彼のコントロールを超えている。もちろん私たちはいじめをなくす努力を怠るわけにはいきませんが、いじめている側に厳しく言い聞かせたとしても、例えば携帯電話を「活用」して巧妙にいじめが続けられることもあります。いじめをなくすことを諦めるわけにはいかないのですが（とりわけ本人や親の立場においてはそうです）、それでも、どうにもならない無力感に襲われるときがある。首尾よくいじめが「解決」したとしても、それは根本的には運に由来するところがあるでしょう。

いったんまとめます。以上具体的に見てきたように、《あるひとが幸福であるか不幸であるかは、根本的にはそのひとのコントロールを超えていて、運によらざるをえない》と少なくとも何らかの意味では言えそうです。本書では幸福のこうした側面を、当人のコントロールの外に在るという意味で、「幸福の外在的側面」と呼びたいと思います。幸福はこうした「どうにもならない」側面をもつのですが、実は、そうした側面ゆえに哲学的問題を引き起こします。本節の残りの部分では――次節へ繋がる話題として――〈幸福の外在的側面が引き起こす哲学的問題〉を確認しましょう。

(4) 幸福と幸運

幸福の外在的側面を強く意識していた哲学者のひとりとしてドイツのイマヌエル・カントを挙げることができます。例えば彼は次のように書く。

[…] 何が義務であるかは、何びとにとっても自明の事柄であるが、しかし何が或る人に

永続的な利益をもたらすかということは、これらの利益をその人の現実的生存の全体に及ぼそうとすると、一寸先きも定かでない暗闇に蔽(おお)われていて[7]［…］

かなり抽象的ですので敷衍すると、カントはここで〈道徳的義務の果たしやすさ〉と〈幸福になることの難しさ〉を対比しています。すなわち――カントの独自の道徳論を前提した話ですが――道徳的に正しく生きるためには「ひとを殺すな」や「盗むな」や「嘘をつくな」などの規則に従えばいいのですが（これはある意味で容易）、それに対して、ひとを殺さなかったり盗まなかったりしても幸福になれるとは限りません。さらに幸福は、それを目指したところで、確実に獲得できるかどうかも分からない。

実際、引用の後半が念頭に置くタイプのケースですが、例えば買った株が値上がりして「幸福」になったように感じても、その後、その株で大金を得たために開始した商売で大失敗し借金まみれになって「人生を棒に振る」ことがあるかもしれません（この場合、一時的には幸福感があるかもしれませんが、「現実的生存の全体」においては幸福ではないと言えます）。このように、幸福になることには不確実性が伴う、とカントも強調しています。

ちなみに引用においてカントが、幸福に生きるよりも道徳的に正しく生きる方がある意味で簡単だ、と考えている点は記憶に留めておいてください。なぜカントがこう考えたのかと言うと、彼の道徳論においては《道徳的義務に従うことは、心の内面の「内在的な」事柄だ》とされるからです。実に――抽象的に言えば――心の内面に属す事柄は、個々人にとってコントロールしやすい。次節では、幸福を心に「内在的な」事柄と見なして、いわば《気の持ちようで人間はいつでも幸福になれる》という見方を考察します。私はこうした見方が幸福になることの困難さを甘く見積もっていると論じるつもりです。

話を戻しましょう。

いまや私たちは「幸福」と「幸運」というふたつの概念が引き起こす哲学的問題を理解できる地点に達しました。第一に押さえるべき点は、「幸福」と「幸運」が大きく重なり合った事柄を表現する、ということです。というのもここまで繰り返し見てきたように、幸福には外在的側面があり、幸福はある意味で「幸運のたまもの」と呼べるからです。かかる幸福と幸運の重なり合いから、例えばドイツ語においては“Glück”（「グリュック」と読む）という単一の単語が幸福と幸運の両方を意味したりします。あるいは、英語の「幸せ(happiness)」が「偶発事件（happening）」と語源的に同根だという事態にも、幸福と幸運の相互的なオーバーラップが表現されていると言えるかもしれません。

とはいえ幸福と幸運を同一視するわけにはいきません。なぜなら、もし幸福が幸運の一種だったならば《幸運なひとだけが幸福でありうる》と述べられることになるでしょうが、こ

［7］カント『実践理性批判』（波多野精一他訳、岩波文庫、1979年）、65頁

の命題には受け入れがたいところがあるからです。実際、私たちは、例えばルーシーのような貧しい国の路上で暮らさざるをえないひとにも、何らかの意味で「幸福への道が開けている」と言えることを望んでいる——と私は考えています。幸福は人生においてきわめて大切なものなので、私たちは誰もが幸福でありうることを望む、というわけです。「幸福」と「幸運」を異なる語で表現する伝統もある、という点を紹介しておくと何かと都合がよいかもしれません。冒頭で言及したヒンスケは「フォルトゥーナとフェーリーキタースのあいだで」という論考において次のように論じます。

ギリシャ語では切れ味鋭く、一方でテュケー(tychē、運命)、エウテュキィア(eutychia、幸運)などが、他方でエウダイモニィア(eudaimonia、幸福)あるいはまたマカリオォテース(makariotēs、至福)が区別される。第一のものが言い表すのは、いくぶん簡明かつ先鋭に表現するなら、幸福なる偶然ということであり、第二のものは、人間的なものとして著された人生の幸福なる状態ということである。ラテン語での区別もこれに劣らず明瞭で、一方でフォルトゥーナ(fortuna、運命)が、他方でフェーリーキタース(felicitas、幸福)もしくは、キケロ以後ではまた、ベアーティテュード(beatitudo、至福)が語られる。[8]

日本語もまた「幸運」と「幸福」というふたつの表現をもっており、前者で〈個人のコントロールを超えて恵まれる僥倖（ぎょうこう）〉を、後者で〈万人が浴することを期待されうる、人生において最も大事なもの〉を指します。本書も「幸福」と「幸運」を概念的に区別されたものとして議論していきたいと思います。

まとめましょう。幸福のいわゆる「外在的側面」に注目すれば、幸福は幸運の一種であるかのように思われます。とはいえ《幸福は幸運の一種だ》という見方は私たちにとってどうも居心地が悪い。なぜならこの見方は、幸福への道を一部のひとにしか開かないように感じられるからです。運のいいひとは幸福たりうるが、不運なひとは不幸な人生を余儀なくされる――たしかにこれはある意味で事実かもしれません。とはいえ私は「幸福」のこうした捉え方を超えていきたい。私は、ごまかしや欺瞞の無い仕方で、《私たちはみな幸福の光に照らされている》と言いたい。だがこのような見方はいかにして可能か。この点を、本書全体を通じて明らかにしていきたいと思います。

［8］ヒンスケ『人生経験と哲学』、66頁

第2節　幸福の内面化

（1）「外在的幸福」の不安定さ

前節では、「幸福」と「幸運」が重なり合った事態を指すことを踏まえたうえで、《それでも私たちは幸福が幸運の一種に尽きないことを望んでいる》という点を確認しました。なぜそう望まれるかと言うと、その理由は――前節の終盤で指摘したように――、運のいいひとは幸福になれるが、運の悪いひとは不幸な生を余儀なくされる、という見方が（真理の一面を表現しているように見えますがそれでも）居心地の悪さを感じさせるからです。

実に、幸福は、《人生はそのためにある》と言ってもいいくらいに重要なもの。それゆえ私たちは幸福を、完全に運／不運の問題とは見なしたくはありません。では、幸福は、人間のコントロール下に収まりうる事態なのでしょうか。すなわち、個人の努力次第で幸福になることができる、などということはありうるのでしょうか。本節ではこの点を考察していきます。

はじめに押さえたいのは、「幸福であるかどうかは運に左右される」などと言われる場合、幸福であるための条件として裕福な家庭や健康などが含め入れられることが多い、という点です。とはいえ、こうしたものは外的な力によって否応なしに奪われることがあります。例えば旧約聖書に登場する敬虔なヨブはもともと「七人の息子と三人の娘を持ち、羊七千匹、らくだ三千頭、牛五百頸城、雌ろば五百頭の財産」をもつ「東の国一番の富豪」でしたが、神とサタンが彼の信仰を試す際に、すべてのものを奪われてしまう（神とサタンはヨブがすべてを失っても神への信仰を捨てないかどうかを試したわけです）。すなわち、サタンの力でまず羊・らくだ・牛などの財産が簒奪された後、ヨブの家族はみな命を落としてしまいます。その顚末は以下。

［…］更にもう一人来て言った。
「御報告いたします。御長男のお宅で、御子息、御息女の皆様が宴会を開いておられました。すると、荒れ野の方から大風が来て四方から吹きつけ、家は倒れ、若い方々は死んでしまわれました。わたしひとりだけ逃げのびて参りました。[1]」

［1］『聖書 新共同訳』（日本聖書協会、1987、1988年）「ヨブ記」、1-18、1-19

満ち足りた暮らしをしていたヨブは、家族（とりわけ子孫たち）の突然の死に直面し、「衣を裂」いて悲しみます。その後さらにヨブは、再びサタンの力によって重い皮膚病にかかり、健康も失うことになる。仮に富・家庭・健康が幸福の条件であるならば、いまやヨブは不幸のどん底にあると言えます。

地震や台風などの自然災害を多く体験してきた私たちにとって、〈巨大な力によって突然家族を奪われる〉というヨブの体験は他人事ではありません。例えば1995年の阪神・淡路大震災では10万以上の家屋が倒壊し6000人以上が亡くなり、2011年の東日本大震災では津波が無数の家屋を押し流し1万5000人以上の命を奪いました。こうした事態に鑑みると、もし幸福の条件として財産や家族があるとすれば、私たちの幸福の土台はきわめて不安定なものだと言わざるをえません。すなわち、たとえあるひとがいま裕福な家庭を築いていてその意味で幸福（これは「外在的幸福」と呼びうるかもしれません）であったとしても、それはそのひとの意のままにならない力によって次の瞬間にも奪われうる、ということです。

（2）ストア派の幸福論

幾人かの哲学者は、財産・家族・健康などを幸福の条件から除外することで、《私たちは自然災害などの外的苦境とは無関係に幸福たりうる》と考えました。例えば古代ギリシアのいわゆる「ストア派」の哲学者は、一般に、このような立場をとったと見なされています。

戦前に活躍した法哲学者の三谷隆正（みたにたかまさ）は、彼の『幸福論』において、ストア派の考えを次のような言葉で表現しています。

［…］われわれの生活内容をできるだけ自己内在的要素にのみ依存せしめれば、われわれの生活はそれだけ外物による制約から離脱することはできる。[2]

抽象的な文章ですが要点は明確です。要するに、財産・家族・健康などの自己にとって「外在的な」要素を幸福の条件から外し、自己に「内在的な」要素だけを幸福の条件に含め入れれば、外的な力によって幸福を脅かされずに済む、ということ。ちなみに三谷はこうした考えに批判的ですが、その理由は後で確認したいと思います。まずはこの学派の幸福論の基本的な発想を押さえましょう。

例えばストア派の哲学者のひとりであるエピクテートスは、『語録』（彼の弟子のアリアーノスが書き記したもの）において、次のような力強い言葉を残しています。

私は死なねばならない。しかしそれだからとて嘆きながらそうせねばならないというの

［2］三谷隆正『幸福論』（岩波文庫、１９９２年）、60頁

ではあるまい。縛られねばならない。でもその上悲しみながらというのではあるまい。追放されねばならない。さればとて笑いながら、機嫌よくゆとりを持ってそうされるのを、人が妨げるというのではあるまい[3]。

人生はままならないもので、ときに自分の意志によらず「縛られたり」あるいは「追放されたり」します。また死という一大事も避けられません。とはいえエピクテートスは、こうした出来事に対してあるひとが嘆くか否かはそのひとの意志に関わる問題だ、と指摘します。彼によれば私たちは、捕縛や追放という運命を前にして、朗らかに幸福な心地を崩さずにそれを受け容れることができる。エピクテートスは「君を縛って捕まえるぞ」という脅しに対して次のように応答します。「私を縛るんだって。君は私の足を縛るだろう、だが私の意志はゼウスだって征服はできないよ[4]」。古代には理不尽な権力者によって恣意的に縛り上げられた者がたくさんいたにちがいありません——エピクテートスの言葉は、「不当に逮捕されても不幸に落ち込む必要はない」と伝えることによって、こうしたひとびとを元気づけたと考えられます。

エピクテートスの言葉に代表されるストア派の発想にはよく分かる点があります。その点を定式化すれば《財産の有無などの私たちにとって外在的なものは根本的には私たちのコントロール下に収まらないが、心の中という私たちにとって内在的なものはコントロール可能だ》などとなるでしょう。このような着想にもとづいてストア派の哲学者たちは、《苦難に直面して嘆くか、嘆かないか》や《悲しむか、悲しまないか》をいわば「内在的な」事柄と見なし、意志の力でコントロール可能だとしました。そして彼らは、幸福の条件を（財産・家族・健康の有無などから独立した）ある種の心の状態と把握して、《私たちはどのような苦境においても、気の持ちようで幸せになれる》と主張したのです。

例えばサタンの力によって財産・家族・健康をすべて失ったヨブも意志の力でそれを「笑いながら」受け入れるならば幸福を維持できる、とストア派は考えることでしょう。さらに――今や時代遅れの表現ですが――ストア派において「困難は男ぶりをあげさせるもの」[5]であるので、《苦難に平然とするヨブは、それによって「男ぶり」をあげて、より幸福になっている》とさえ言えるかもしれません。このように、ストア派の幸福論においては、ひとは逆境においてもなお幸福でありえます。かくしてこれは《いかなるひとも幸福たりうる》ということを認める立場のひとつだと言えるでしょう。

---

［3］エピクテートス『人生談義（上）』（鹿野治助訳、岩波文庫、1958年）、17頁
［4］エピクテートス『人生談義（上）』、17頁
［5］エピクテートス『人生談義（上）』、92頁

（3）不幸は考え方次第なのか

エピクテートスは幸福と不幸のいわば「主観性」に関して重要な議論を展開しているので、それも確認しておきたいと思います。例えば『提要』（これもアリアーノスが師の語録を抜粋して作ったもの）には次のようにあります。

誰かが子供が旅立ったとか、もしくは自分の財産を失ったとかして、泣き悲しんでるのを君が見たら、その心像に奪い去られて、彼は外的事物のために不幸なのだなどと思わぬように注意し給え、むしろすぐさま「この人を悩ましているのは出来事ではなくて（というのはそれは他の人を悩ましていないのだから）、それについての考え方だ」ということを心がけて置き給え。[6]

ここでは、不幸の原因が、子どもの死や財産の喪失という出来事そのものではなく、それを不幸と思う当人の考え方だ、と主張されています。この主張の論拠は《同じ出来事があるひとを悩ませ別のひとを悩ませないことがある》というものであり、分からなくもないロジックです（もちろん、同一の出来事があるひとを悩ませ別のひとを悩ませないことがあるとしても「当の出来事がそれ自体で当の人物を悩ませている」と言うことは可能だ、などと言って反論することもできるでしょうが、こうしたいわゆる「分析哲学的な」議論は往々にして問題の本質から注意を逸らしてしまいます——理屈っぽさはつねに功を奏するわけではありません）。

ここで私たちが摑まねばならないのは《なぜエピクテートスは引用のような主張を行なうのか》です。そしてその理由は——ここまでの議論で示唆されているように——彼が《不幸の原因を、出来事そのものではなく、出来事に関する考え方と見なす場合、不幸は逃れやすくなる》と考えているという点にあるでしょう。要するに、考え方というものは自己の「内側」のものなので自分の力で改訂可能だ、ということです。引用の主張もまた《私たちはどのような苦境においても心の持ちようで幸せになれる》というストア派の幸福論の根本的なテーゼと関連していると考えることができます。

以上の点をさらに敷衍しましょう。

たしかにエピクテートスも、心の中の事柄はつねに意志の力で容易にコントロールできる、と考えたわけではありません。実際、彼は例えば「理性を追っ払う心像から起る嵐よりも、もっと大きいどのような嵐があるだろうか」[7]などと言って、死の恐ろしいイメージの克服し難さを強調します。とはいえエピクテートスは同時に、そうしたイメージが引き起こす不幸は訓練や練習を通じて克服できる、とも主張します。彼は例えば、「われわれは心像に対し

［6］エピクテートス『人生談義（下）』（鹿野治助訳、岩波文庫、1958年）、260頁
［7］エピクテートス『人生談義（上）』、202頁

ても毎日練習をなすべきであった」と言い、以下のように続けます。

息子が死んだ。何が起こったのか。／息子が死んだのだ。／その外は何でもないか。／何でもない。／船がなくなった。何が起こったのか。船がなくなったのだ。／彼は牢獄に入れられた。何が起こったのか。／彼が牢獄に入れられたのだ。だが「不幸だ」ということは各人が自分で附加するのである。[8]

《息子が死んだ》という出来事は、実際のところは、それだけのことである。そして、例えば父親が自らの「考え方」を通じてそこに不幸を結びつけなかったとしたら、それは不幸でも何ものでもない。――私たちは意志の訓練を通じてこうした境地に達することを目指さねばならない、とエピクテートスは主張します。それは（彼自身認める通り）なかなか骨の折れる道なのですが、彼においては可能な〈幸福への道〉であるのです。

いったんまとめましょう。ストア派の哲学者は、財産や家族などの「外在的な」事柄を幸福の条件からはずし、幸福を純粋に「内面の」問題と見なして、《誰でも心の持ちようで幸福になれる》と主張しました。例えば――やや詳しく見ましたが――エピクテートスの考えでは、私たちは、意志の訓練によって、通常「不幸」と見なされる出来事を「不幸」と見なさなくなり、財産や家族の喪失さえもいわば「泰然と」受け入れることができるようになる。

これはたしかに心に響くところのある見方ですが、深刻な問題点がないわけではない。本節の残りの箇所においてはストア派の幸福論の陥穽を私なりの仕方で説明します。

（４）意のままにならぬ内面——回復と時間

例えば本節の序盤で触れた三谷隆正は、ストア派の幸福論は幸福を個人の内面に押し込めることによってその実質を貧しくしてしまっている、と批判します。曰く、

> ［…］自我の生活内容をして他に依存するところ絶無ならしめんとすれば、その瞬間に自我の全生活内容自体が零になる危険がある。[9]

再び抽象的な文章ですが、ポイントは分かります。例えば息子の死に対して「ただそれだけのことだ」と言ってしまえるほどに〈他者への依存性〉を失った生はかえってその実質が無くなってしまっていないか、ということです。さらに言えば、ストア派的な意味で「幸福な」人生はかえって「貧しい」人生なのではないか、ということ。他者への依存は、たしか

---

［８］エピクテートス『人生談義（下）』、38頁
［９］三谷『幸福論』、60‐61頁

に自己の存在基盤を不安定にする面があるかもしれませんが、同時にその生に豊かな内容を与えるものなのかもしれません。

三谷の指摘はそれ自体で興味深いものですが、本書では深追いしません（関心のある方は彼の『幸福論』を繙（ひもと）いてみてください）。本節は別の角度からストア派を批判します。思うに、たとえ幸福の条件を個人の内面に押し込めたとしても、幸福は意のままになりません。先に見たようにエピクテートスは《ひとは心の持ちようで息子の死なども「泰然と」受け入れられるようになる》と主張しましたが、ここには無視できない問題があると言えます。以下、この点を説明していきます。

福島県で精神科クリニックを開く精神科医の熊谷（くまがい）一朗は東日本大震災のために深い苦しみに陥った多くのひとを診療していますが、彼がその著書[10]において紹介している苦難と回復の物語を読むと、《内面的な幸福は意のままに実現できる》などとは決して言えないことが分かります。心の中のことはコントロールが比較的容易だ、などとは単純には言えないのです。具体的に見ていきましょう。

震災後1年が経とうとする時期、津波で妻と生後10か月の息子をなくした21歳の男性が、足の不自由な父親とともに、熊谷のクリニックを訪れました。男性は睡眠障害を患っており、安定した眠りを得ることができず、仕事に支障をきたしているらしい。診療室での男性の様子は落ち着いているが、口数は少ない。「食欲は、まだ、いまひとつですね」のように、とぎれとぎれのやり取りの診療が何度か続いた。

そんな中、男性が仕事中に資材を右足の甲のうえに落とし粉砕骨折するという出来事が生じてしまいました。診療室の彼はうつむきながら次のように言います。

「ドジなのは父親譲りなんですかね。親父は昔漁師をしていて、町では有名な人間だったんですよ。それが船のロープを巻く装置に足を挟まれ怪我して以来、すっかり元気なくしちゃって――。それでも母親を亡くしてからは、警備員やら清掃やらで、何とか俺を高校まで出してくれたんですけどね[11]」

男性は父親に感謝しており彼を愛しています。とはいえ、それだけにいっそう父親に対して複雑な思いを抱いている。というのも、震災当日、男性の妻と子は彼の父親のところに行っており（妻が義父にその孫を見せに行っていたわけである）、実家から自動車で自宅に帰る最中に津波に飲み込まれてしまったからです。

男性が心身に不調をきたしている原因には、妻と子の死が受け入れられないことに加えて、

[10] 熊谷一朗『回復するちから』（星和書店、2016年）

[11] 熊谷『回復するちから』、5頁

父親との割り切れない関係があります。彼はついつい次のように考えてしまう。

もし父親の足が何ともなかったら、父が彼らを探すなどして、妻と子をつれ、ともに高台に避難できたのではないか。いやそれ以上に亡くなった妻は、実家から自宅へ戻る途中で地震に遭い、もしかしたら足の悪い義父を気遣い、一度海沿いの実家に戻るなりして、逃げ遅れてしまったのではないか。[12]

もちろん男性自身も《父親のせいだ》などとは言えないことを承知しています。とはいえ、妻と子の死には受け入れがたいところがあり、どうしても「もし……だったら」と現実を拒否するような思考に陥ってしまう。ここで生じている事柄はエピクテートスやストア派の哲学者が考えるような単純なものではなく、心の中の割り切れなさはむしろ当人にとってどうしようもない。意志の力を通じて「妻と子が死んだ、ただそれだけのことだ」と納得する、などということはできそうにありません。

では、はたしてひとは、愛するひとを失った悲しみからいかに「回復」するのでしょうか。この問いに対して——たったいま指摘したことですが——《意志の力で回復する》などと答えることは適切でありえません。「回復」はむしろ意志のコントロールを超えたところから到来します。もっといえば、個人を「超えた」ところからやって来ます。不幸から癒される過程が個人の意志的な行為でない、という点を摑むことはきわめて重要なことです。右足を骨折してから男性は仕事を休んでいたのですが、そうこうするうちにある事件が起こる――これを熊谷は以下のように物語ります。

ある日、受診日に彼の姿はなく、背の低い、父親が足を引きずりながら、済まなそうに来院したことがあった。話によれば、昨夜遅く父親を張り倒し、家を飛び出して行ったのだという。そろそろ真面目に仕事に出たらどうだ、と見るに見かねた父親の言葉に、震災後初めて短い言葉を吐き捨てるように父親に浴びせ、見たこともない形相のままバイクに跨り、彼は出て行ってしまったのだと。[13]

父親に対して複雑な気持ちを抱き、長い間苦しみ続けていた男性は、言ってみれば、とうとう「爆発」したわけです。ここで生じたことは、ずっと伝えたいと思っていたけれども同時に伝えたくないとも思っていたことを告げて姿を消した、と表現できるかもしれません。そして回顧的な視点に立つと、《抑圧していた思いが表面に現れた》というのは「回復」へ

[12]　熊谷『回復するちから』、5－6頁
[13]　熊谷『回復するちから』、10頁

の第一歩だったとも言えそうです。

その後、男性はクリニックにも姿を見せなくなるのですが、その間、埼玉や神奈川を転々としていたらしい。そして仕事を見つけたりして徐々に生活を取り戻していった。一年ほど経ち、男性は三回忌の直前に姿を現す。翌日に妻の両親と会って近況を報告するのだと言う。先立って久しぶりに顔を合わせた父親とは、一緒に墓参りに行ったようだ。また、地震発生後から一度も訪れていない、彼と妻と子が暮らしていたアパートにも足を運ぶらしい。

三回忌が終わり、男性の最後の受診となった日、彼は次のように語りました。

「アパートはひどかったですよ。もうひどいなんてもんじゃなかった。泥棒に入られて。鍵は壊されて、散々荒らされて［…］簞笥も何もかもひっくり返されて、ひどいもんで」

息を詰め、一度深く呼吸してから、彼は言った。

「初めは実は怖かったんです。アパートの扉を開けることが。何もかもがそのままで、時間が止まったままになっていて、いま動いたのよ。聞いて、聞いてって、あの夢みたいに妻が何もなかったように、自分を迎えてくれる気がしていて」

「……はい」

「そうしたら全然違ってた。予想とは。もうガチャメチャって感じで、どうにもならなくて、初めはものすごく頭に来たけど、涙こらえてあいつら（妻子）の写真や、鏡台の奥にやっと見つけた母子手帳や、そこいらに散らばっているガラガラなんか、かき集めてたら、なんだか全身のちからが急に抜けちゃって、煮るなり焼くなり好きにしろっていうか、人間ってとんでもねえなって感じで、こんな状況でも泥棒する奴はするし、人の気持ちなんて関係なくメチャメチャにする奴はするんだって、変に感心するっていうか、これが現実なのかと思ったらバカらしくて、やってらんなくて、やるなあお前ら（泥棒）って感じで、最後はなんか笑っちゃいましたよ。ちからが抜けて[14]」

男性が熊谷の前で笑顔を見せたのはこの日が初めてなのですが、ここまで来るまでに長い月日が必要でした。ぽつりぽつりとしか言葉が出なかったところから、リラックスして語ることができるまで、彼の場合は２年以上の歳月。傷が完全に癒えたわけではないだろうけれど、何とか前を向いて進めるところまではやってきました。

男性はある意味で「不幸から抜け出した」と記述できる過程を経過しましたが、それでもこれは、ストア派が典型的に述べるような、〈心の持ちようで幸福になる〉という事態ではありません。思うに、内面的な不幸から逃れ出る過程で何が起こっているのかを把握するには、《心の中の事柄はコントロール可能だ》という点を強調しない方がいい。むしろ《心の

[14] 熊谷『回復するちから』、14－15頁

中の事柄であるにもかかわらず意のままにならないものがある》という点に目を向けた方が、不幸からわずかなりとも抜け出す際に必要な長い年月の意味を適切に理解することができます。結局、愛するひとを失った男性の苦難を何らかの仕方で分かろうとする際、ストア派の幸福論は役に立たない、ということです。言い換えれば、ストア派の見方を採ればかえって見えにくくなるものがある、ということです。

実際、男性が不幸からわずかなりとも離れるのに2年の月日が必要になりましたが、ストア派の立場にとってはこのくらいの時間がかかったことはたまたまのことにすぎません。すなわち、彼らの立場においては《もっと早くに男性は心の持ちようで回復できた》と言われうる、ということ。とはいえ2年の「回り道」は男性の「回復」に必要な過程だったはずです。

思うにストア派は、時が癒す、という事態の重要性を摑めません。言い換えれば次です。不幸から離れるために必要な「時間」というファクターの重要性を、幸／不幸の条件を内面化するストア派の幸福論は理解できない、と。結局、時という個々人のコントロールを超えた何かと、不幸から離れることとの関係を、ストア派は適切に把握できないわけです。

一般的な点に触れておくと、時というものは難しい存在だと言えます。例えば過去がひとを束縛したり未来が不安を引き起こしたりすることに鑑みると、時は必ずしも「救済」するだけではない。実に、時間への不適切な向き合い方は、かえってひとを〈囚われ〉へ陥れます。とはいえ、本書の後半で論じられることですが、時への適切な向き合い方はひとを救い出します。本書の終盤では、「時を生きる」とはどういうことかが、明らかになるでしょう。

本節でも――前節に引き続き――《幸／不幸がコントロールできないこと》が強調されました。すなわち、先に紹介した男性の生活にはさいわいにも幸福の兆しが見えてきましたが、それは必ずしも彼の意志的な努力の結果とは言えず、むしろ長い月日を経て「自然と生じてきた」わけです。要点を繰り返せば、幸福の条件を内面化したとしても、必ずしも幸／不幸がコントロール可能になるわけではありません。幸／不幸は、ある意味で本質的に、私たちのコントロールを超えている。――次節も引き続き、幸福になることの困難さを見ていきましょう。

第3節　幸福の幻想性と脆弱性

（1）幸福のうちに見出される傷

ここまで《幸福であることが私たちのコントロール下にない》ということを繰り返し強調してきましたが、この点に目を向けてきた理由は本章（第1節から第3節）の目標が〈幸福になることの難しさ〉を指摘することだからです。

本節ではさらに強く「幸福であることの欺瞞性」と名づけられるようなテーゼを主張しようと思います。私たちは、根本的には、自分たちの不幸へ目を向けないことによって幸福感を維持している。逆に、世界の内部で生じていることに十分な注意を払えば、私たちの幸福は脆（もろ）くも崩れ去る。こうした点を説明していきます。――導入的な話から始めましょう。

たしかに私たちはときに、日常のふとした折に、「幸福だなあ」としみじみ感じることがあり、本節の主張はこうした日常的幸福感のリアリティを否定するものではありません。例えば太宰治は、『家庭の幸福』という作品において、ラジオで放送される「街頭討論」に出演した役人の幸せな時間を次のように語ります。

いよいよ今夜は、放送である。役人は、その日は、いつもより一時間ほど早く帰宅する。そうして街頭録音の放送の三十分くらい前から家族全部、緊張して受信機の傍に集る。「いまに、この箱から、お父さんのお声が聞えて来ますよ」夫人は末の小さいお嬢さんをだっこして、そう教えている。［…］

放送開始。

父は平然と煙草を吸いはじめる。しかし、火がすぐ消える。父は、それに気がつかず、さらにもう一度吸い、そのまま指の間にはさみ、自分の答弁に耳を傾ける。自分が予想していた以上に、自分の答弁が快調に録音せられている。まず、これでよし。大過無し。官庁に於ける評判もいいだろう。成功である。しかも、これは日本国中に、いま、放送せられているのだ。彼は自分の家族の顔を順々に見る。皆、誇りと満足に輝いている。[1]

［1］太宰治「家庭の幸福」（新潮文庫『ヴィヨンの妻』所収、１９５０年、２００９年１０７刷改版）、１８２‐１８３頁、本文の以下の箇所におけるこの小説の紹介は、太宰の意をくんで、それが明瞭になるように再構成したものである。原典では、津島（後述）は、街頭討論に出演した役人と、必ずしも同一人物ではない。

これは申し分ない幸福だと言えそうであり、太宰自身もこれを幸福の典型のひとつとして描写しています。ラジオの放送を聴き、自らの受け答えに大過のないことを確認し、家族の顔を眺めて、父親は幸福の最中にいる。この幸福感は彼にとってリアルであり、何人もその実感を否定できません。

とはいえ——今から確認するように——私たちは幸福の問題を決してたんなる「幸福感」の問題に尽きるとは考えないので、場合によって私たちは先の役人の幸福のうちに「傷」のようなものを見出します。太宰は、津島（これが役人の苗字である）がラジオに出演する日の役所からの帰宅の際の出来事として、以下の話をつけ加えます。

ラジオの放送を心待ちにする津島が帰宅の時間に卓上の書類を片づけていると、「見すぼらしい身なりの」女性が出生届をもって現れました。女性に津島が《今日はもう時間なので受けつけられない》という旨を伝えると「きょうでなければ、あたし、困るんです」と言う。しかしながら——彼の心はすでにラジオにあるので——津島はニコニコしながら「あしたになさい、ね、あしたに」と告げてその場を去ってしまう。

津島は、もう、そこにいなかった。

……見すぼらしい女の、出産にからむ悲劇。それには、さまざまな形態があるだろう。その女の、死なねばならなかったわけは、それは、私（太宰）にもはっきりわからないけれども、とにかく、その女は、その夜半に玉川上水に飛び込む。新聞の都下版の片隅に小さく出る。身元不明。津島には何の罪も無い。帰宅すべき時間に、帰宅したのだ。どだい、津島は、あの女の事など覚えていない。そうして相変らず、にこにこしながら家庭の幸福に全力を尽している。[2]

太宰が強調するように津島に罪はないが、それでも、もしこの役人がほんの少し時間を割いて女性の出産届の事務上の処理を行なっていたとしたら、彼女は亡くならなかったかもしれません。ここで次の問いを考察してみましょう。もし津島が〈自分が出生届を受け取らなかったこと〉が女性の自死を引き起こしたということを知っていたとすれば、彼はラジオを聴いてあのような幸福感を得られただろうか。おそらくそうした場合には――彼が極端なひとでなしでない限り――津島は自分の行為の結果に愕然とし、ラジオを聴いている最中も苦々しい気持ちに襲われ続けたはずです。

実際には、津島は女性の死を知らない。そのため津島は家族の団欒（だんらん）の中で幸せを感じることができている。とはいえ女性の死を知っている観点から次のように問うてみるとどうなるでしょうか。はたして、女性の死を知らないがゆえに幸福感に浸っている津島は、本当の意

[2] 太宰「家庭の幸福」、188頁

味で「幸福」なのだろうか、と。私たちの判断は揺らぎます。そして私たちは少なくとも津島の幸福――仮にそれを「幸福」と呼ぶのが妥当ならばの話ですが――のうちに「傷」を見出さざるをえません。津島の幸福感は、真実の無知というネガティブな事柄を条件としています。この意味で、彼の幸福感は無視できない「欺瞞性」を含む、と言うことができるでしょう。

(2) 生きることと苦しめること

本節で繰り返し確認するのは、哲学者の中島義道が彼の『不幸論』で指摘する次の事態です。

> 日常的なレベルに限定しても、だれも苦しめまいと思えば、われわれは何もできないのであり、いや積極的に何もしなくても、生きているだけでだれかを苦しめるのである。[3]

津島は意図せずして女性を窮地に陥れ、このひとは最終的に自ら命を断ちました。あるいは例えば小学校の入学式は端的に幸福なイベントと思われますが、「両親の腕にぶらさがってはしゃぐ子をじっと見つめている男女のカップル」が「このまえ殺された自分の子はきょう入学するはずだったと思い、あらためて悲嘆に暮れる」ということがありえます。[4] 私たちは——ここが重要ですが——普段、こうした点を「そんなこと言ったってどうしようもない」という理由で無視します。すなわち、視界から除外する、ということ。しかしながら、この〈視界から除外する〉という態度は私たちの日常的幸福に、予想以上に暗い影を落とす——この点はすぐ後で説明します。

いずれにせよ、まずしっかりと確認したいのは《私たちがひとを苦しめながら生きている》という事実です。これはさまざまな角度から指摘することができる。例えば川崎重工業株式会社は四季報などで調べると近年の役員年収が５０００万円を超していることが分かりますが、この会社の下請け企業の工場で２００４年に日系ブラジル人の男性が倒れるという出来事がありました。この事案は２００８年４月に労基署によって「労災」認定されるのですが、男性は死亡する前の半年間ずっと長時間のいわゆる「時間外労働」を行なっていた[5]。役員の年収が５０００万円を超すことが、立場の弱い外国人労働者を牛馬のようにこき使うことと繋がっていた、ということです。さらに踏み込んで言えば、親会社の役員が自分の幸福を追求することは、外国人労働者が安い賃金で長時間働かされることと裏表の関係にある、となるでしょうか。

［3］中島義道『不幸論』（ＰＨＰ新書、２００２年）、45頁
［4］中島『不幸論』、45頁
［5］高賛侑『ルポ 在日外国人』（集英社新書、２０１０年）、74－75頁参照

もちろんこき使われるのは外国人労働者だけではありません。例えば今野晴貴（こんのはるき）の著書『ブラックバイト[6]』を繙けば、株式会社レインズインターナショナル（2014年3月期に於いて年商225億円）の「しゃぶしゃぶ温野菜」が20歳の大学生をほぼ毎日午後2時から午前2時まで休憩なしで働かせていたこと、ゼンショー（同じく2014年3月期に於いて年商4683億円）の「すき家」が接客や調理や清掃などのすべての作業を一人に受けもたせるいわゆる「ワンオペ」労働をアルバイトに課していたこと、やる気スイッチグループホールディング（2017年2月期に於いて年商328億円）の「スクールIE」が学生バイトに週5日間午前9時から午後9時まで「フルタイムで」働かせていたことなどが知られます。

おそらく、こうした会社の経営者や役員の幾人かは休日に幸せを実感することがあるでしょうが、そうした折に彼ら／彼女らは自分の会社でこき使われているアルバイトのことなど考えません。なぜなら、もしそうしたアルバイトの苦しみに注意を向けるならば、後ろめたくなって不快な気分に陥るからです。

私たちはひとを苦しめながら生きている、という中島義道の指摘は、考えれば考えるほど、多くのひとに妥当することが明らかになるものだと言えます。例えば20世紀以降のグローバル化の流れにおいて主導権をもつことができた「先進国」に住むひとのうちの少なからぬ者は経済的に不足のない暮らしを享受していますが、この豊かさはいわゆる「途上国」の貧しさと表裏一体の事柄です。鶴見良行は、1980年代に、著書『バナナと日本人』においてフィリピンにおけるバナナ農園の状況を以下のように語ります。

バナナ農園の女子労働者の寄宿舎を訪れた。わずか一畳ほどの階段ベッドが、彼女らの住まいだ。はだかの電灯、一カ所の水道蛇口、外の便所、段ボールの囲い、それが彼女らの生活空間である。そんなところでも彼女らはおしゃれに敏感で、ＴシャツやＧパンも流行にそって、よく選んでいる。だがそれも、よく見れば、コーヒーと同じように、国内産でありながら、外資企業の商品である。[7]

グローバル化はしばしば（あるいはつねに）「先進国」の企業に有利な経済構造を作り出し、そうした構造において「途上国」のひとびとの多くを貧しい状態に留め置きながら、彼女ら／彼らが労働したり消費したりすればそのつど「先進国」側が潤うように仕組みます。実際、薄給で働くフィリピンのひとびとが買う石鹸やペディキュアやビールは外国の会社の商品であり、こうした品が購入されることから生じる利潤は結局「外国へと流れだしてゆく」[8]。現在ではフィリピンの状況は変わっているかもしれませんが、グローバル資本主義が貧しい国

［６］今野晴貴『ブラックバイト』（岩波新書、２０１６年）、３－13頁、26－40頁、41－47頁
［７］鶴見良行『バナナと日本人』（岩波新書、１９８２年）、１６２頁
［８］鶴見『バナナと日本人』、１６３頁

を「搾取」する傾向にあることは変わりません。ここでは、「先進国」の幸せな暮らしが「途上国」の苦しみのおかげで成立する、という事態が生じています。

（3）〈幸福〉と〈現実から目を逸らすこと〉

このように《私たちは生きている限りつねにひとを苦しめている》という指摘には何らかの真理が含まれているのですが、先にも述べたように、私たちは普段それを「そんなこと言ったってどうしようもない」という理由で無視します。これはある意味で自然な態度だと言えます。

とはいえ、ここでしっかり確認せねばならないのはこうした〈目を逸らすこと〉の背後にある心理的メカニズムであり、思うに、先述の中島義道はこのメカニズムをうまく捉えている。彼は、十分な範囲の事実に注意を向ければ不都合な真理を発見してしまい不幸な気分に襲われるからこそ、私たちは「怠惰」な態度で事実を無視している、と指摘します。曰く、

> もし、あることが引き起こす現在および未来の波及効果のすべてを知ることができるならば、われわれはけっして幸福ではいられない。そのほとんどを知らないからこそ、われわれは「幸福である」という錯覚に陥ることができるのである。[9]

要するに、幸福感には無知と無視がつきものであり、真実の十分な自覚のもとでは幸福はありえない、ということ。そして中島はこうした事実の無視がとりわけ「慎ましい幸福」に顕著に含まれると考えており、例えば「家族がみんな健康で、信頼しあっている、それで私はとびきり幸福ではないか」という態度を激しく批判します。彼によれば、こうした態度は「盲目で怠惰で狭量で傲慢」です。[10]

中島が全体として言いたいことは次のようにまとめられるかもしれません。自分も津島のように知らず知らずのうちにひとを苦しめ場合によっては殺しているという事実に目を向けよ！　そうすれば、幸福感など抱けなくなるだろう、と。

こうなると気になってくるのが、中島は幸福について究極的にどのような考えをもっているかという点ですが、彼の『不幸論』の中心的な主張は《幸福はつねに錯覚だ》です。実に、中島の考えでは、幸福は私たちにとって「幻想」という形でしか可能でない。曰く、「真実を知ると不幸になるから、われわれは幸福になるために、正確に言いなおせば、幸福であると思い込むようになるために、必死の思いで真実を隠して生き」ています。[11] ここでは、〈幸福〉と〈現実から目を逸らすこと〉の間の本質的な繋がりが指摘されている、と言うことが

〔9〕中島『不幸論』、49頁
〔10〕中島『不幸論』、51頁
〔11〕中島『不幸論』、12頁

できるでしょう。

中島の主張が凝縮されたパッセージを引いておきます。彼は『不幸論』において繰り返し主張する事柄を、ある場所では以下のように表現している。

> 自分の幸福の実現が膨大な数の他人を傷つけながらも、その因果関係の網の目がよく見えないために、われわれはさしあたり幸福感に浸っていられるのである。それがすっかり見渡すことができたら、この世に幸福はありえないであろう。[12]

ただちに付け加えねばならないのが、《幸福はつねに錯覚だ》という中島の主張に私自身は完全に与（くみ）するわけではないという点です。本書の後半で指摘したいことですが、私たちに可能な幸福のあり方も存在します。そしてそれは、ある意味で、日常的幸福を「超えた」ものです。とはいえ――本節で強調したいことですが――日常的な次元において幸福を語る場合には中島の主張は相当の真理性を具えていると思われる。[13] 実際、そうでしょう。例えば、私たちが美味しいものを食べて（日常的な意味で）「幸福だなあ」と言えるのも、その食材を作るために牛馬のようにこき使われたひとの苦しみを想像したりはしないからです。そして、仮に自分に関わる因果の網目の全体へ注意を向けることができたならば、そうした瞬間に幸福感を抱けるひとなどいないはずです。

(4) パスカル・ラッセル・長谷川の幸福論

日常的な幸福の根底には〈現実から目を逸らす〉という心理的態度がある、という命題は決して過小評価してはならない重要性をもつ、と私も考えています。この点が本節の第一の指摘です。加えて、この命題を踏まえれば、既存の幸福論の要点や問題点を一歩踏み込んだ次元で理解できる。本節の残りの箇所ではこの作業に取り組みます。

以下、ブレーズ・パスカル、バートランド・ラッセル、長谷川宏の幸福論をそれぞれ見ていきましょう。他人の議論を批評することになりますので、これまでよりもいささか理屈っぽい議論になりますが、要所を押さえて頂ければと思います。

フランスの数学者であり哲学者でもあるパスカルは、ひとが「自分というものが何であるかをしみじみと考える」ならば、すなわち自分の実際のあり方を直視するならば、自らの不幸に気づかざるをえないと指摘したうえで、次のように述べます。

ここから、賭事、女性たちとの話、戦争、栄職などがあんなに求められることになるのである。そういうものに実際に幸福があるというわけではなく、また真の幸福は、賭事で

[12] 中島『不幸論』、49頁

[13] 中島自身、彼の語る「幸福」が日常的な次元のものであることを明記している(cf.『不幸論』、7−9頁)

もうける金とか、狩りで追いかける兎を得ることにあると思っているわけでもない。そんなものは、それをやろうと言われても欲しくないだろう。人が求めるのは、われわれがわれわれの不幸な状態について考えるままにさせるような、そんなのんびりとした、おだやかなやり方ではないからである。また、戦争の危険でも、職務上の苦労でもない。そうではなく、われわれの不幸な状態から、われわれの思いをそらし、気を紛らさせてくれる騒ぎを求めているのである。[14]

本節の議論を踏まえれば要点は明確だと言える――すなわちここでは、ギャンブル・異性との交際・戦争・良いキャリアなどが求められる理由として、こうした「騒ぎ」に関わっている間は自分を見つめずに済むからという点が指摘されているわけです。そしてパスカルは《遊びや仕事によって自分の邪悪さや「惨めさ」から気を逸らせなければ人間は生きていくことができない》とも言い、極めつけに次のように論じます。

われわれの惨めなことを慰めてくれるただ一つのものは、気を紛らすことである。しかしこれこそ、われわれの惨めさの最大なものである。[15]

ここで言われているのは、私たちは〈不幸から目を逸らすことによって幸福になる〉というやり方でしか幸福感を得られないくらいに不幸だ、ということ。これは、言ってみれば、出口無しの不幸です。パスカルは、〈幸福〉と〈現実から目を逸らすこと〉の関係についての洞察にもとづいて、人間の不幸をきわめて深い水準で捉えていると言えます。

イギリスの哲学者ラッセルもまた、有名な『幸福論』において、「道楽や趣味は、多くの場合、もしかしたら大半の場合、根本的な幸福の源ではなくて、現実からの逃避になっている」と述べます。[16] これは本節の問題意識およびパスカルの主張と軌を一にしていると言えるでしょう。そしてそのように考えたうえでラッセルは幸福の重要な条件が「本物の熱意、つまり、実は忘却を求めているたぐいではない熱意」であると指摘します。[17] この種の熱意をもつ幸福なひとの典型として科学者を挙げつつ曰く、

社会の高等教育を受けた成員中で、今日、最も幸福なのは科学者である。彼らのうちの最も高名な人たちは、大部分、情緒的には単純で、仕事に深い満足をおぼえているので、食べることはもちろん、結婚生活からさえ快楽を得ることができる。[…] 科学者はしば

---

[14] パスカル『パンセ』（前田陽一他訳、中公文庫、１９７３年）、93頁
[15] パスカル『パンセ』、１１５頁
[16] ラッセル『幸福論』（安藤貞雄訳、岩波文庫、１９９１年）、１７０頁
[17] ラッセル『幸福論』、１８７頁

しば、いまだに昔風な家庭の幸福を味わうことができる［…］。この理由は、彼らの知性の高級な部分はことごとく仕事に吸収されて、果たすべき役割のない領域にまで踏みこむことを許されないということだ。科学者が仕事の上で幸福なのは、現代世界では科学は進歩的かつ強力であり、また、その重要性は彼ら自身にも一般人にもつゆ疑われていないからである。[18]

ラッセルの議論には足りないところがある、と私は言いたい。たしかに彼は「本物の熱意」という言葉で何かしらのことを伝えたいのでしょうが、引用した議論では〈忘却のための熱意〉と〈本物の熱意〉の違いが分かりません。もしかしたら科学者もまた仕事に没頭することで自分をとりまく因果の網目を見ずに済むから「幸福を味わうことができる」のではないか――こうした疑問に対して彼の議論はいかなる答えも与えてくれません。核心的な問いを繰り返せば次です。科学者もまた、自分の邪悪さや惨めさを直視せずに済むからこそ、幸福感に浸れるのではないか、と。

本節の指摘――〈幸福〉と〈現実から目を逸らすこと〉の間には本質的な連関があるという指摘――を踏まえれば、ラッセルの議論のどこが足りないかについて一定の理解を形成することができます。実に彼は本物の熱意がどのようなものかを踏み込んで説明せねばならなかった。この作業は具体例を挙げるだけでは行なわれません。ラッセルは、より原理的な次元で、「本物の熱意」が〈現実から目を逸らすこと〉とどう違うのかを説明せねばならなかったわけです。本書の後半では、ラッセルと同じ轍を踏まないように注意しながら、積極的な幸福論を展開したいと思います（この点は第12節でふたたび取り上げます）。

哲学者の長谷川宏の『幸福とは何か』は、その精神性において、例えば森村進の『幸福とは何か』よりも圧倒的に「高み」にある書物だと言えます。長谷川は幸福の在処（ありか）を日常の静けさのうちに見出しつつ、それを表現する作品として三好達治の次の二行詩「雪」を挙げています。[19]

太郎を眠らせ、太郎の屋根に雪ふりつむ。
次郎を眠らせ、次郎の屋根に雪ふりつむ。

静かな夜、一家がひとつの屋根の下にあり、子どもたちが安心して眠っている――こうした幸せな情景を思い浮かべさせてくれる詩です。ここには真の意味で「幸福」と呼べる何かが存しているようにも感じられます。

［18］ラッセル『幸福論』、１６０頁
［19］長谷川宏『幸福とは何か』（中公新書、２０１８年）、７－８頁

長谷川は自分のやろうとしていることについてかなり自覚的であり、自身の問題意識を以下のように表現します。

幸福論にとって大切なのは、身近な日常を超えた問題を考えることが幸福論とは類を異にするという認識を堅持することだ。幸福論の守備範囲というのはそこのところをいう。外からどんなに深刻な問題がやってこようと、幸福の大切さ、幸福論の大切さは守られねばならない。外から大きな問題がやってきて身近で穏やかな幸福を圧しつぶそうとするときにこそ、かえって幸福論の真価が問われるといってよい。[20]

本節の議論を踏まえれば、長谷川がこのように言いたくなる理由は深い次元で理解できる。実際、日常の観点を超えて、例えば自分たちの食卓と「途上国」の貧困の関係に思いを馳せるならば、私たちは身近な生活に幸せを見出すことなどできなくなる。ある意味で、長谷川は幸福を脅かすものについて確かな理解を有している、と言えます。

とはいえ、長谷川のやろうとしていることは結局のところ〈現実から目を逸らすこと〉の勧めになるのではないか、という疑問は残ります。思うに、彼が上記のような問題意識をもつのであれば、例えば〈気を逸らすこと〉に関するパスカルの議論と徹底的に対決してもよかった（長谷川はパスカルも中島義道も主題的には取り上げない）。私が彼の議論に関して望んでしまうことは、《はたして彼の論点は、パスカルや中島と対決する際、どう展開するのか》を見てみたいということです。

私自身は本書において、〈幸福〉と〈現実から目を逸らすこと〉の関係をしっかり見据えたうえで、それでも可能な幸福への道を模索したい。なぜなら、しかるべき幸福の在処を突き止めるのは一般に思われているよりも難しい作業だと考えるからです。私の考えでは、日常の「内部」だけを探っても重要な意味の幸福は発見されません。「真の」幸福はむしろ日常を超えたところとの関係性にある――こうした点は第11節以降に論じられます。

[20] 長谷川『幸福とは何か』、２６５頁

第2章

人生の無意味さ

第4節　死と人生の意味

(1) 幸福をめぐる問題と人生の意味をめぐる問題

前章で私たちは幸福を論じてきましたが、そこでの問題意識は《幸運なひとだけが幸福になれる》という見方がしっくりこないというものでした。というのも、幸福は「人生の究極目標」と呼ばれうるものであるので、私たちは少なくとも何らかの意味で《幸福への道は万人に開かれている》と述べたいと考えているからです。他方で、幸福が得られれば万事大丈夫かと言うと、必ずしもそうでない。実に、幸福の最中に人生の危機が訪れる、ということもあります。

例えばロシアの小説家トルストイがそう。40代半ば、すでに文学的成功を収めていた彼に生じた危機を、哲学者の佐藤透は以下のように紹介します。すなわち、46歳の頃からトルストイには、

［…］自らがいかに生きるべきか、何をなすべきかがまるで分からないような不可解な瞬間が訪れ、彼は憂鬱に陥るのであるが、それが「なんのために？」とか「で、その先は？」といった同じような疑問の表現をとって次第に頻繁に現われるようになったのである。それは当時彼がおおいに関心を寄せていた農場経営について考えているときにも、また子どもの教育のことを考えているときにも、「それが何になるのだ」と問いかけてくる。さらにまた、自分の著作がもたらす名声のことを考えているときにも「それがどうしたというのだ」と自らに問うのである。[1]

家族に恵まれ仕事もうまくいっているトルストイは通常の意味において「幸福」だと言えますが、かかる幸福は彼の苦しみの防波堤にはなっていません。むしろ物事が順調に進む最中において彼は「これが何になるのか」と悩みます。このことは、トルストイの苦しみが幸福／不幸の区別に端を発するものでない、ということを意味しそうです。実に――ポイントを言えば――この小説家は、不幸な状態に陥って苦しんでいるというよりも、自分のやっていることに意味が見出せないことに苦しんでいます。その結果、世界は彼にとって親しみを失ってしまっており、彼は〈不審の念を抱かずに安心して生の道を進む〉ということができ

［1］佐藤透『人生の意味の哲学』（春秋社、2012年）、8頁

なくなっているのです。

トルストイのケースに関して押さえるべきは、《幸福か不幸か》に尽きない人生の一大事がある、という点です。この点は伝統的に重要な捉え方でもあり、実際、トルストイの悩みはこれまで幸福の問題というよりむしろ「人生の意味をめぐる問題」に括られてきました。たしかに《あるひとが人生に意味を見出す》という事態と《そのひとが幸福である》という事態はしばしば同時に成立しますが、それらが重なり合わないときもある。それゆえ例えば先述の佐藤透も「幸福な人生と有意味な人生は重なりうるが、概念としては、両者は区別されるべきものであろう[2]」と指摘し、人生の意味をめぐる問題が幸福をめぐる問題に回収されないことを強調します。本書もまたこの見方を引き継ぎ、「人生の意味」の概念を「幸福」のそれから区別します——ただし、本書の終盤では、弁証法的に《幸福こそが人生の意味だ》と主張されるのですが。第13節では、それまで別々に論じられていた「人生の意味」と「幸福」がひとつのものへ合流します。

本章（第4節から第6節）の目標は、トルストイの悩んでいるような事柄が、決して知性の混乱の類（たぐい）ではなくむしろ正当な根拠をもった問題だ、という点を説明することです。もちろん——誤解を避けるために付け加えれば——本書は読者に《トルストイのように陰鬱になれ！》と勧めるわけではありません。とはいえ、陰鬱になろうがなるまいが、人生をめぐる「なんのために？」という問いは理解可能であり、この問いに答えが無いことは私たちに、人生の意味をめぐる問題を突きつけます。この問題から自由なひとはひとりもいない――こうしたことを以下の数節で説明していきます。

本章の目標をもう一歩踏み込んで述べておきましょう。

前章において私たちは〈幸福になることの難しさ〉を見てきましたが、これと対応するかたちで、本章は〈人生の意味の見出し難さ〉を指摘します。私たちは誰しも有意味な人生を送りたいと望んでいる。とはいえ、「人生の意味」なるものは摑みどころのないものであり、それゆえ私たちは場合によってはそれについていろいろと考え悩んでしまう。そしてそのときにはかえって人生の意味が分からなくなり、世界が親しみのないものに転じてしまう。本章においては、「人生の根本的な無意味さ」と呼びうる事態を明らかにしていきたいと思います。

（２）人生と世界の違和感

まず押さえるべき点は、人生の意味をめぐる問題は、理屈っぽい面のみならず、感覚的な面をもつ、という点です。実際、先に触れたように、例えばトルストイの苦悩は《世界が安心して生きられる場でなくなった》という不安の感覚を含みます。そして――ここは重要な

［２］佐藤『人生の意味の哲学』、４頁

点ですが——世界と人生に対して生じるこの種の違和感を共有することが、人生の意味をめぐる問題の理解にとって本質的なステップであるのです。

問題の感覚（すなわち世界と人生に対する違和感）は、例えば精神医学を専門とする大饗（おおあえ）広之が紹介する、次の自殺念慮のある大学生（20歳、女性）の言葉にも表れています（以下、山カッコ内は大饗の発話）。

別にこれといって不満はないんだけど、ひっそり死にたくなる。一度だけ本当にやろうとしたことがある。何でそう思うようになったのかは説明ができないけど、子どもの頃からなので……〈人生を重く感じる?〉そう、まるでわりにあわないと思いませんか。〈生きていることが?〉そう、そういう感じが根底にあって後は些細なきっかけだけ……。〈きっかけ?〉友達に約束すっぽかされたというだけですけど。〈存在を否定された?〉そんな大げさなものじゃなくて、ただ相手に価値を集中させていたから、それがなくなったから「生きる価値」がないと感じたのかも。〈せっかくその人とはピントがあっていたのに?〉そうです。あ、いえ、だれに冷たくされてもダメというのもあります。〈「わりにあわない感じ」とそれはつながっている?〉何もないというか、苦労だけして報酬がないという点では。〈逆に、これまで成功してよかったって思うこともあったでしょ〉でも、また次も頑張ろうとかにはならない。それはそれでよかったねって。そんなもの得てもしょうがないもんで。〈努力するだけの意味はないって〉そうですね。それでもそれなりには努力してきたんですけどね。[3]

ひととの関わりにおいて傷つきながら、何とかうまくやろうと努力して、ときに良好な関係が築けたとしてもこの大学生は「それが何になるのだ」と考えてしまう。そして、それは苦労ばかりで割に合わないものであり、頑張って取り組むべき理由はない、という「深淵」にも気づいてしまう。彼女にとって、まるでこの世界は彼女の生きるべき場所でないかのよう――こうした〈よそよそしさ〉の感覚を共有することが、この大学生の発言を理解する際に必要となることだと言えます。

要点を――重要なので――繰り返せば、私たちがまずもって押さえねばならないことは、人生の意味をめぐる問題には無視できない感覚的側面がある、という点です。本節ではこれからこの種の問題の成立根拠がいわば「理屈っぽく」探究されますが、その作業に先んじて私たちは問題を感覚的な次元で摑んでおかねばならない。なぜなら、問題を腹で理解しないうちに概念的な分析に取り組む場合、悪い意味の概念遊戯に陥ってしまうからです。[4] そして、最悪の場合には、人生の意味をめぐる問題が、概念的混乱に由来する実質のない問題と見な

[3] 大饗広之『なぜ自殺は減らないのか』（勁草書房、２０１３年）、４－５頁

されてしまうのです。

トルストイもいま紹介した大学生も自分のやっていることに深い意味を見出すことができず、その結果、人生をいわば「素直に」、「朗らかに」生きることができなくなっているのですが、このような〈世界の親しみの喪失〉は虚しさあるいは虚無感とともに生じることもあります。例えば旧約聖書のいわゆる『伝道の書』を記したコヘレトは人生の「空しさ」を語って曰く、

太陽の下、人は労苦するが
すべての労苦も何になろう。
一代過ぎればまた一代が起こり
永遠に耐えるのは大地。[5]

人間が額に汗して働こうとも、ひとが生まれそして死んでいくという繰り返しは何ひとつ変わらない――ここには根源的な虚無感を抱くべき事態が潜んでいます。そしてコヘレトは、私たちの知を得ようとする努力（例えば本書は幸福と人生の意味について考察し、少しでも賢くなろうと努めていますが）もまた虚しい、と言う。なぜなら、「賢者も愚者も等しく死ぬ」わけであり、賢くなろうが愚かであり続けようが結果は同じだからです。[6]

人生の無意味さの感覚を共有するためにもうひとつ例を追加しましょう。フランスの作家アルベール・カミュは、日常の繰り返しにおいて人生の根本的な無意味さが顔を出す「はじまり」を、以下のように描写します。

ふと、舞台装置が崩壊することがある。起床、電車、会社や工場での四時間、食事、電車、四時間の仕事、食事、睡眠、同じリズムで流れてゆく月火水木金土、――こういう道を、たいていのときはすらすらと辿っている。ところがある日、《なぜ》という問いが頭をもたげる、すると、驚きの色に染められたこの倦怠のなかですべてがはじまる。[7]

［4］伊勢田哲治（いせだてつじ）『哲学思考トレーニング』（ちくま新書、２００５年）の第4章は「生きる意味とは何か」という問いを取り上げているが、感覚的な次元での「生きる意味」の不在の煩悶にまったく触れていないので、〈たんに概念をいじる〉という事態に陥ってしまっている。そもそも伊勢田は人生の意味をめぐる問題を実感として共有していないのだろうから、自分の言いたいことの具体例として「生きる意味」を取り上げるべきでなかったと思う。彼の「生きる意味」の論じ方は、言ってみれば、完全に他人事である。

［5］『聖書 新共同訳』「コヘレトの言葉」、１‐３、１‐４

［6］『聖書 新共同訳』「コヘレトの言葉」、２‐16

［7］カミュ『シーシュポスの神話』（清水徹訳、新潮文庫、１９６９年、２００６年60刷改版）、28頁

たんたんと普段の「仕事」をこなしているとき、ふいに「何のためにこんなことをしているのだろう?」という疑問が湧くときがある。もちろん働くのは金を稼ぐためであり、金を稼ぐのは食べるためであり、食べるのは生きていくためだと言えますが、はたしてそもそも私たちは何のために生きているのか。たとえときに楽しく過ごせたとしても、それはそれだけのことに過ぎません。根本的な《なぜ》の問いには、よくよく考えれば、いかなる答えも存在しないことが判明します。

(3) どうせ死んでしまう

以上、トルストイの憂鬱・大学生の無力感・コヘレトの「空しさ(むな)」・カミュの《なぜ》などを見てきましたが、彼らの苦悩には〈世界と人生に対するある種の違和感〉が通底していると言えます。そして――結論的なポイントを先に述べれば――こうした感覚は、一般的に、人間の有限性と関連しています。実に、人間存在の有限的なあり方への反省を深めれば、ただちに人生の意味をめぐる問題が立ち現れてくる。本章のこれからの箇所ではこの点を説明していきます。

「人間の有限性」はさまざまな角度から語ることができるのですが、「死」は人間の有限性を象徴する代表的な事態です。そして、人生の意味をめぐる悩みが正当な根拠をもつ問題であるという点は例えば《私たちはいずれ死ぬ存在だ》という事態へ目を向けることで説明されます。「死」から人生の意味の問題へ進む理路を簡潔に表現している文章としては、例えば前節で取り上げた哲学者・中島義道の次のパッセージを挙げることができるでしょう。

生きていく理由はないと思う。いかに懸命に生きても、いずれ死んでしまうのだから。他人のために尽くしても、その人も死んでしまうのだから。日本のため、世界のため、地球のために尽力しても、やがて人類も地球もなくなるのに、なぜ「いま」生きなければならないのか。なぜ「いま」死んではならないのか。私にはどうしてもわからない。[8]

この文章には、露悪的な側面[9]（これは必ずしも褒められたものではない）と、検討するに値する理屈を表現する側面とがある、と私は考える。それゆえ私は、露悪的な面に惑わされないようにしながら、理屈の筋道を抽出するよう努めてみます。

要点は、どのように生きたとしても最後は死んでしまう、というところでしょう。何を達成しようと、どれほど努力しようと、結局、死が私たちを無に帰してしまい、何の違いも残

［8］中島義道『狂人三歩手前』（新潮文庫、２００９年）、13頁
［9］これは純粋な「美的」評価ではなく、非難である。すなわち私は中島をその露悪的叙述に関して責めているのである。なぜなら、物事の悪い面や醜い面を強調し「過ぎる」彼の筆致によって、彼の議論が含む真理がかえって伝わりにくくなっていると思われるからである。

さない。熱心に何かに打ち込んだひとも、怠惰にダラダラと過ごしたひとも、最後は〈死んで無に帰す〉という同じ結末を迎えます。要するに私たちの生は《過程の違いが結果に違いを与えない》という、ある意味で「無慈悲な」構造をもっているのです。

そのため、たとえ高邁な理想を目標に立ててそこに近づくよう努力邁進したとしても、死がすべてを凌駕してしまいます。すなわち、「……に近づいた！」という達成感や希望は「でもどうせ死んでしまう」という虚無感には勝てない、ということ。というのも、繰り返し述べるように、努力したひとも、サボったひとも、結局は同じく無に帰すからです。

いや——ただちに生じる自然な疑問ですが——例えば頑張って会社を大きくすれば、それは死後も残り続けるだろう、と反論するひとがいるかもしれません。それはある意味でその通りなのですが、先の理屈を覆（くつがえ）すものでもない。なぜならそうした会社もいずれなくなってしまうのですから。

要点を的確に述べれば、《現実の会社が永遠に存続することがありうるか否か》が問題なのではありません。むしろ《死によって当の本人は消え去ってしまうので、後世の他人がその会社からどんな恩恵を受けようとも当人にとっては関係がないことだ》という点を摑むことが肝要です。例えばアメリカの哲学者ロバート・ノージックは、「人類が存続する限り、この人は忘れられることがないだろう」と言われるほどの業績を残したひとが「それは他人にとっての話であり、いずれにせよ自分自身とは関係がない」と考えて自らの死すべき運命を苦悩する、という話を挙げていますが[10]、目下の文脈ではこうした種類の苦悩の理路を摑むことが重要だと言えます。

同じ点を別の角度から敷衍してみましょう。中島の言いたいことを捉えるには《死によってひとが無に帰す》という命題の意味を細かく検討することが役立ちます。たしかに《ひとが死ぬ》という事態を「外から」客観的に眺めれば、死は必ずしも一切を無化するわけではないと言える。なぜなら、ひとが死んでいく経過を外から眺めるとき、死後も例えば葬儀が行なわれたりして文字通り「ひとが死んだ後も世界は存続する」という状況が成り立つからです。とはいえ、死を〈自分の死〉として「内側から」主観的に眺めれば、話は変わってきます。もちろん死が「一人称的に」どのような仕方で体験されるかは想像を超える事柄ですので確かなことは言えませんが（ジョークのように聞こえますが、実際に体験したひとはもはやそれを報告する術をもたない）、それは「世界の消滅」と呼ばれうるような事態であると考えられます。結果として、例えば自分が大きくした会社がどうなるかを気にする主体そのものが消え去ってしまうわけです。自分が体験している世界が全体として消滅する――どのひとの人生も最後はこうした沈黙の虚無が待ち受けているのです。

人生の意味をめぐる問題については感覚的側面を捉えることが核心的だと述べましたが、

[10] ノージック『考えることを考える（下）』（坂本百大他訳、青土社、1997年）、448-449頁

その一方で論理的骨格を掴むことも軽視するわけにはいきません。中島の議論の理路をまとめれば以下のようになる。すなわち、努力しようが怠惰に過ごそうが人生は同じ〈一切の消滅〉に至るのであり、それゆえ人生には《過程の差異が結果に反映されない》という構造があり、何をしようと根本的には無意味だと言える、と。中島は議論の直感的な要点を「どうせ死んでしまう」という言葉で表現しています。

(4) 生きている間は楽しまなくっちゃ

中島の議論に対して「たとえ最後はすべて無に帰すとしてもそのつどの瞬間を楽しむことができれば人生は無駄ではない」と反論することも可能かもしれません。とはいえこの道にも見逃せない難しい点がある。例えば心理学者の浦田悠は、著書『人生の意味の心理学』において、憂鬱に悩まされる9歳の少年アルヴィを母親が医者に連れていく、というウディ・アレン監督の映画『アニー・ホール』の次のシーンを紹介しています。

アルヴィ：宇宙はふくらんでいるんだ。
医者：宇宙がふくらんでいるだって？
アルヴィ：うん、宇宙は全部だから、それがふくらんでいくと、いつかばらばらになって全部が終わってしまうんだよ！

母親：それがあなたに何の関係があるの？
（彼女は医者のほうを向いて）
母親：アルヴィが宿題をやらなくなったんです！
アルヴィ：宿題に何の意味があるんだ。
母親：宇宙と宿題に何の関係があるの？　あなたはブルックリンにいるのよ！　ブルックリンはふくらんでないのよ！
医者：まだ何十億年もふくらまないよ。アルヴィ。だから僕たちは生きている間は楽しまなくっちゃ。[11]

アルヴィの言う「宇宙はふくらんでいるんだ」とはいわゆる「膨張宇宙」のモデルのことで、このモデルにおいて宇宙は最終的に「熱的死」という無活動状態を迎えます。アルヴィはこうした終局を念頭に置いて「宿題に何の意味があるんだ」と言っているのですが、これに対して医者は「生きている間は楽しまなくっちゃ」と応じる。この点について浦田は以下のように解説します。

[11] 浦田悠『人生の意味の心理学』（京都大学出版会、２０１３年）、６頁、訳は浦田よる

アルヴィの憂鬱は、たとえ今宿題を頑張ってしようが、生きている間を楽しもうが、それらは最終的にはすべて無に帰ってしまうという、科学的説明に基づく宇宙論的な虚無からくるものだ。ここには、科学的・唯物論的な出口のない宇宙観と、そこに神の姿が見当たらないという虚無主義、すなわちテクノロジーとニヒリズムの連動がある。そして、そのような世界観において、我々ができるのは、医者の言う「生きている間は楽しまなくっちゃ」という欲望中心主義（マテリアリズム）である。[12]

《一切は消え去る》という根本的洞察に対して「それはそうかもしれないけど、今を楽しめばいいではないか」と応じる、という道行きはある意味で自然だと言えます。なぜなら、問題の洞察においては、未来のために何かを積み上げたとしてもそれが結局は無に帰ることが知られてしまっているからです。というわけで先述の旧約聖書のコヘレトも「若者よ、お前の若さを喜ぶがよい。青年時代を楽しく過ごせ」と言い、現在の楽しみの謳歌に人生の意味を託します。[13]

しかしながら――これが今から説明したい点ですが――《今を楽しめばいい》という考えと人生の意味の間には無視できない不調和が存在しています。なぜなら（浦田も引用において示唆しているように）快楽も根本的には虚しいと言えるからです。

享楽の背後にある虚無感を見事に描き出しているのが先述の作家カミュの代表作『異邦

人』です。そこでは例えば主人公のムルソーが恋人のマリイと海でデートする場面が以下のように語られます（引用の「私」はムルソー）。

彼女がブイに登るのを手伝うと、その拍子に胸に触った。彼女がブイの上に腹ばいになったときに、まだ私は水のなかにいた。彼女は私の方を向いた。眼のうえに髪の毛がかぶさり、彼女は笑った。私はブイの上の彼女のそばによじのぼった。天気はよかった。ふざけたような振りをして、頭をそらし、彼女の腹の上へ載せた。彼女は何もいわず、私はそのままでいた。眼のなかに、空の全体が映った。それは青と金色だった。[14]

生命力に溢れた美しいシーンだと言えるのですが、同時に——是非とも感じとってほしいですが——深い虚無感が漂っています。すべては枯れゆき一切は過ぎ去るという事実に触れてしまえば、享楽的生はかえって哀しさを表現する。快楽もまた、そして通常の意味の幸福ですらも、実のところは、人生の虚しさの一部を形作っているのです。快楽や幸福感が多かろうが「それでどうなるのか」という問いに根本的な答えが得られるわけではありません。

[12] 浦田『人生の意味の心理学』、6頁
[13]『聖書 新共同訳』「コヘレトの言葉」、11－9
[14] カミュ『異邦人』（窪田啓作訳、新潮文庫、1954年、1995年98刷改版）、22頁

たとえ生きている間楽しんだとしても、どうせ死んでしまう。このように、中島の議論には反論の難しい理路の骨格がある、と言えます。

本節で押さえたいのは、「どうせ死んでしまうのになぜ生きねばならないのか」という問いが理解可能な問いであり、しかもいかなる答えも見つからない問いだ、という点でした。私たちのうちの幾人か（例えばトルストイ、先述の大学生、コヘレト、カミュ、中島義道、アルヴィ）は、こうした世界と人生の不条理に気づき、もはや世界を〈安住の場〉と見なせなくなっています。彼ら／彼女らにとって世界は「何のために？」という究極の問いが虚しくこだまするだけの袋小路です。これは私たちにとってもそうです。「どうせ死んでしまうのになぜ生きねばならないのか」へ正面から答えられるひとはひとりもいません。

本書はここからどこへ向かうのか。私自身も人生が根本的には無意味であることに気づいてしまっています。だから私は安易に「……の場合には人生に意味がある」などと主張しようとは思いません。そのかわり根元的な無意味に「耐える」人間のあり方を描写したい。そして、絶対的な意味の不在と向き合って生きることのうちに、ある（別の仕方の）意味があるのだ、と主張したいと思います――これは第7節以降に行なわれるでしょう。

第５節　国家や歴史は人生に意味を与えるか

(1) 人生の意味と人間を超えた何か

前節で私たちは、幸福の最中にも生じうる苦しみとして「何のために生きているのか」が分からないという悩みがある、ということを確認しました。これは一般に「人生の意味をめぐる問題」と見なされるものであり、そこでは「生きる理由はあるのか」や「生きる目的は何か」などが問われます。

さて、生きる意味はない、と主張する哲学者のひとりが中島義道ですが、彼の議論は次のようなものでした（再び引用しておきましょう）。

生きていく理由はないと思う。いかに懸命に生きても、いずれ死んでしまうのだから。他人のために尽くしても、その人も死んでしまうのだから。日本のため、世界のため、地球のために尽力しても、やがて人類も地球もなくなるのに、なぜ「いま」生きなければばならないのか。なぜ「いま」死んではならないのか。私にはどうしてもわからない[1]。

理屈の骨格は、どのように生きたとしても最後は死という無に行き着くのであり、この意味で人生は《過程の違いが結果の違いを生まない》という構造をもっており、それゆえ頑張って生きる意味はない、というもの。ここにはよく分かる理路がある、と私自身は考えています。

しかしながら、前節でも注記したことですが、もし死という事態を「外から」眺めるならば、《死が一切を無にする》とは必ずしも言えません。実際、死後も「客観的には」多くのものが存続するわけであり、死を超えて残るものは多々あると考えられます（要するに、死が世界全体の消滅を意味するのは、死を「内側から」捉えたときだけだ、ということ）。とはいえ――本節全体で確認することですが――たとえ死が一切を無にするわけでないとしても、人生に意味を見出すことは相変わらず難しい。以下においては、人間のある種の知的能力の高さのために、人生はかえって意味を失う、というパラドクシカルな事態を見ていきましょう。

さて、ひとはいつか必ず死んでしまうのですが（これを前節では問題にしました）、こうした有限な生に意味を与えるものがあるとすれば、それは人間よりも大きな何かであるにちがいありません。そのため、「国家」や「歴史」に生の意味の源泉を求めるひともいれば、「芸術」を通じて人生を有意味化しようとするひと、あるいは「宗教」に意味の恵みを期待するひとがいたりします。とはいえ、じっくり検討すれば判明することですが、こうしたものは決して人生に絶対的な意味を与えない。以下、この点を、段階を踏んで確認していきたいと思います。

（２）人生の意味と自殺

はじめに、人生に意味を見出せないことが生活上のどんな問題を引き起こすのか、を改めて確認しましょう。前節で触れたカミュは著書『シーシュポスの神話』の第一論考「不条理と自殺」を次の文章で開始します。

真に重大な哲学上の問題はひとつしかない。自殺ということだ。人生が生きるに値するか否かを判断する、これが哲学の根本問題に答えることなのである。[2]

カミュはここで哲学の根本的な問いは「生きるべきか自殺すべきか」だと述べていますが、その理由は彼が《仮に人生に意味がないことが判明したとすれば自殺することさえ正当化さ

---

［1］中島『狂人三歩手前』、13頁
［2］カミュ『シーシュポスの神話』、12頁

れうる》と考えているからです。すなわち、人生は生きるに値しない、それゆえ自殺こそが私たちのすべきことだ、という理屈があるのですが、《この理屈をどう考えるのか》こそが哲学の根本問題だというわけです。

人生の意味の問題と自殺——これはカミュの思想においてのみ繋がっているわけではありません。わが国における有名な事例としては、人生の意味が分からないことに悩んで藤村操（みさお）というエリート学生が華厳滝（けごん）に身を投げて自ら命を断つ、という明治36年の事件が存在します。藤村は自殺の直前に遺書として近くに生えていたミズナラの木に文章を彫ったのですが、そこには次の言葉がある。

万有の真相は唯だ一言にして悉す（つく）、曰く、「不可解」。
我この恨（うらみ）を懐い（いだ）て煩悶、終（つい）に死を決するに至る。

藤村にとっては、《彼自身が何のために生きているか》はまったく理解できないことであり、世界と人生について言えることはただ「不可解」しかない。明治のある時期から、彼のように思い悩むいわゆる「煩悶青年」が多く現れました。そして、藤村の自殺を受け、数十人の若者が同じく華厳滝で命を捨てたらしい。

（３）国家・歴史・人生の意味

以上で押さえてほしいことは、人生の意味が見出せないことが自殺というリアルな問題に繋がりうる、という事態ですが、これに対して《国家が個々人に生の意味を与えてくれるのだから自殺するに及ばない》と応じる考え方があります。こうした理屈は例えば戦前の革命家である北一輝の論考「自殺と暗殺」に登場する。北は、藤村操が陥ったような煩悶が「世の問題たりしことすでに久し」と指摘つつ、次のように書きます。

しかしながら余輩は実に厳格に思索して問題の根底より「煩悶とは何ぞや」と叫ばんと欲するものなり。いやしくも万世一系の皇室を戴き万国無比の国体に生息するものはただ忠君愛国の道徳あれば足る。何すれぞ煩悶するや。神を求むるなりというべし、しかしながら大日本帝国の神は天照皇大神宮なり。人生の意義を知らんと欲するなりというべし、しかしながら大日本帝国の臣民の生を享けたる意義は天皇陛下に忠義を尽くさんがためなり。[3]

［３］『中公クラシックスＪ37 北一輝 国体論及び純正社会主義（抄）』（中央公論新社、２００８年）、１８６頁

ここで言われていることは論考「自殺と暗殺」の中心的主張ではないのですが（しかも北はそれを積極的に主張しているわけではない）[4]、書かれた文章そのものの主意はある意味でよく分かります。すなわち、日本に生まれた者は〈天皇に尽くす〉という人生の根本目標を有しているので、「何のために生きているのか分からない」などと悩む必要はない、ということ。ゴチャゴチャ思い悩まずに、いわば「天壌無窮の皇運を扶翼」すればよい、それこそが私たち日本人の生の意味なのだ、と引用の文章は述べています。

たったいま引用された文章は、皇室および国体といった「国家的」存在にもとづいて人生の意味を肯定する、という理路を表現していると言えるでしょう。こうした理路は「強力」であり、それは場合によっては決死の生き方さえも有意味化し、それによって正当化します。例えば太平洋戦争でいわゆる「特攻」作戦を推し進めた大西瀧治郎（第11航空艦隊参謀長などを務める）は、敗色が濃厚になった頃、米軍への徹底抗戦にこだわりつつ以下のように語ったとされます。

戦争は負けるかもしれない。しかしながら後世において、われわれの子孫が、先祖はかく戦えりという歴史を記憶するかぎりは、大和民族は断じて滅亡することはないであろう。われわれはここに全軍捨て身、敗れて悔いなき戦いを決行する。アメリカの太平洋艦隊いかに強大なりといえども、その空母五十隻に対して、わが特攻五十機、その輸送船四百隻に対してわが特攻四百機。これだけのものを屠(ほふ)れば、その渡洋作戦を挫(くじ)くことができるであろう。[5]

ここで大西は、ほぼ必ずや敗れるであろう捨て身の戦いにおける兵たちの死も「大和民族」の存続に寄与するのであるから決して無駄ではない、と主張しています。ここで押さえたい点を繰り返せば、国家は強い〈生の有意味化作用〉をもつ、ということ。ちなみに大西は、昭和天皇の玉音放送のあった１９４５年８月15日の翌日、遺書に「特攻隊の英霊に曰(もう)す善く戦ひたり深謝す」と記して割腹自殺しました。[6]

大西瀧治郎が訴えるような〈国家による人生の有意味化〉は、歴史と結びつくことによってさらに堅固なものになりえます。次にこの点を確認しましょう。

例えば戦前・戦中に「活躍」した国史学者である平泉澄(きよし)は戦後、次世代の子どもに向け

---

［4］ちなみに「自殺と暗殺」において北が積極的に提示するのは、《煩悶は個人が自分の頭でものを考えていることの反映であるので、いずれ煩悶青年の中から革命家（さらには暗殺者）が現われるだろう》という予想である。この論考が公表されたのが１９０６年（明治39年）であり、それから時を経て１９３２年（昭和７年）に血盟団に所属する若者たちによる連続暗殺事件が起こる、ということに鑑みると、ここでは書き切れないようないろいろなことを考えざるをえない。

［5］栗原俊雄『特攻――戦争と日本人』（中公新書、２０１５年）、83頁

［6］栗原俊雄『特攻――戦争と日本人』、１５１頁

た歴史書『物語日本史』を書きました。平泉はそこで、〈天皇および皇室への忠誠〉を日本人の生に意味を与える中心的ファクターと捉えつつ、楠木正成（まさしげ）と正行（まさつら）の父子を歴史的に重要な存在として描きます。というのも――よく知られていることですが――この父子は、後醍醐天皇に忠義を尽くし、「反逆者」の足利尊氏に挑み、そして自らの命を犠牲にした人物だからです。平泉は正成・正行について「この父とこの子との精神は、心ある人々の胸に深い感動を与え、やがて学問によってそれが裏付けせられては、不朽の生命をもって、我が国の指導原理となったのであります」とさえ言います。[7]

今から確認することは、『物語日本史』においては国家と結託した歴史が個々人の生と死に意味を与えるものとして機能する、という点です。一例として「回天」を創案したひとりである黒木博司（ひろし）（最終階級は海軍少佐）に関する叙述を見ましょう。実に、平泉によると、回天作戦は〈天皇と皇室への忠誠〉の現れです。平泉は、黒木が「早くより楠木正成を慕って、自らを幕楠と号し」ていたことに触れつつ、以下のように書きます。

> 憂国の至誠は、やがて人間魚雷「回天」を創作しました。昭和十九年五月八日、今は大尉に任ぜられた黒木博司は、極めて高邁にして切実なる建白書「急務所見」を提出して、未曾有の兵器をもってする非常の作戦を要請します。[…]大尉はその秋九月六日、訓練実施中に殉職して、二十四歳の生涯を終りましたが、しかもその創案したる回天は、盟友

の胸に抱かれたる黒木少佐［死後に一階級特進したようだ］の遺骨を載せて、アメリカ艦隊の集合するウルシー基地を攻撃したのでした。その後、回天の出撃およそ百四十数基、いずれも浪をくぐって遠く敵艦を襲い、鑑底に必中してこれを爆破し、敵の心胆を寒からしめたのでした。[8]

注目すべきは黒木の死が意味のあるものとして語られているという点です。黒木は、死してもなお、骨となって特攻兵器に乗り込み、日本を脅かす敵に打撃を与える。平泉は――すぐ後でも強調するように――黒木の生と死を正成や正行の運命と重なり合うように描いているのですが、私は別の論考[9]でこうしたやり方の生の意味づけを「物語的意味づけ」と呼びました。実に平泉の叙述において、黒木は、皇室の繁栄を至上目的とした歴史物語における重要な役割を得ていると言えます。

平泉は人間魚雷作戦について以下のように続けます。

［７］平泉澄『物語日本史（中）』（講談社学術文庫、１９７９年）、２１３頁
［８］平泉澄『物語日本史（下）』（講談社学術文庫、１９７９年）、２１３頁、四角カッコ内は引用者補足
［９］山口尚「歴史における人生の意味の照応――日本近現代史と物語論」（『現代生命哲学研究』、第７号、２００８年３月）：36－73頁

しかもこれを創案し、これを指導したる黒木少佐その人は、弱冠二十四歳、満でいえば二十二歳、温厚にして紅顔、極めて純情の青年でありました。それが未曾有の兵器を作り、非常の作戦を考えたのは、ただただ忠君愛国の至誠、やむにやまれずして、敵を摧(くじ)こうとしたのにほかならないのでした。しかもこれは、ひとりこの人に止まらず、当時の青少年皆そうでした。[…]

そしてこれら純情の青年に、愛国の至誠あらしめ、非常の秋に臨んで殉国の気概あらしめたものは、幼児に耳にした父祖の遺訓であり、少年にして学んだ日本の歴史であり、その歴史に基づいての明治天皇の御諭し、すなわち教育勅語にほかならなかったのでありました。[10]

ここでは『物語日本史』の若い読者に対して平泉の考える「意味のある生き方」が勧められていると言えます。すなわち、黒木博の殉死を楠木正成や正行の殉皇と重ね合わせつつ、読者に対して「君たちも自らの生を正成や正行や黒木のそれと重ね合わせよ」と呼びかけている、ということ。あからさまに言えば、「君たちも皇室と国体のために命を捧げよ、これこそが日本人にとって最も意味のある生き方なのだ」と若者に教え諭している、ということです。仮に平泉の言っていることが心から信じられるものであるならば、「生きる理由はない」という中島義道的なニヒリズムは決して認められないことになるでしょう。

（４）人間がもつ〈一歩退く〉という知的能力

とはいえ平泉の言っていることを心から信じることは不可能なのです。そしてこれは、彼の言っていることが間違いだからというわけではなく、むしろ人間のある種の知的能力の高さからそうなってしまうのです。この点を理解するには、アメリカの哲学者トマス・ネーゲルの論文「人生の無意味さ」（永井均訳『コウモリであるとはどのようなことか』、勁草書房、１９８９年、所収）を参照するのが便利です。以下、この論文における、本節の議論に関連する箇所を見ていきましょう。

愛国心などを、ネーゲルは決して単純には非難しません。彼はむしろ《ひとはある意味で愛国的にならざるをえない》と考えているかもしれない。例えば、ネーゲル曰く、

われわれは［…］自分があるいくつかのことがらに特に真剣にとりくんでいるということを示すような選択をすることなしには、人生を生きていくことができない。[11]

抽象的なので具体的に説明しましょう。人生は選択の連続です。例えば、ある学生が今朝、

[10] 平泉『物語日本史（下）』、２０７頁
[11] ネーゲル「人生の無意味さ」、22頁

今日大学に行くかどうかを悩み、結局行くことを選んだとします。この場合、大学に行くことを選択した学生は、そう選ぶことによって《自分は今日大学に行くことが自分にとって重要だと考えている》ということを示した、と言えます。抽象的には、選択は特定のタイプの価値観へのコミットメントを含む、ということ。それゆえ、ひとはそのつど何かを選ばねば生きられない以上（実際、何も選ばないよう振る舞うことも、ひとつの選択の結果であらざるをえません）、ひとは必ずや何らかのことを（別の何かよりも）重視して生きていると言えます。

選択は何かを他のものよりも重視していることを含む——という点を踏まえれば、私たちの多くが「愛国的」であり「ナショナリスティック」すなわち自民族優先主義的である（そしてそうあらざるをえない）という事実もまた明らかになります。例えば私はしばしば《いかにして日本の哲学の状態をベターにするか》を友人と議論しますが（というのも私は日本語で哲学を行なう者であるので）、この場合、こうした論題を選ぶことによって私は日本を他の国よりも重視してしまっている。もちろんこの種の語り方をすること（すなわち「日本の〇〇を良くしよう」などと語ること）からかなり自由なひともいるでしょうが、それでもそこから完全に自由なひとは存在しません。

具体例をもうひとつ。私はスポーツの国際試合でどうしても日本チームを応援してしまいます。この選択もまた一種の愛国でありナショナリズムの現れだと言えるでしょう。一般的に（少なくとも現代において）国や民族という枠組みは、そこから完全に離脱して生きることの難しいものです。ほとんどのひとは国や民族に属するものを気にしながら生きる。そして、そうした自らの生き方の選択を通じて、自身が多かれ少なかれ「愛国者」であることを示しながら生きているわけです。

以上の議論は別のタイプの価値観にも妥当します。例えば平安時代の僧である空海は若い頃に真言（一種の呪文）を百万回唱えるという修行を行なったと言われています。来る日も来る日も「ノウボウアキャシャ……」と唱え続ける——こうした生き方の選択は《仏道は重要だ》という価値観へのコミットメントを含んでいます。あるいはフランスの作家マルタン・デュ・ガールは18年かけて大作『チボー家の人々』（白水社のやや分厚い「黄色い本」で全5巻）を書き上げました。作家は《芸術は重要だ》という価値観に身を捧げている、と言えるでしょう。

とはいえ——ここからが核心的な話ですが——ネーゲルは、私たちはどのような価値観からも一歩退くことができる、と指摘します。彼曰く、

　われわれはつねに、自分が現に生きている特定の生のかたちの外部に、ある視点をもつことができ、そこから見れば真剣であることは根拠のないことに見えてくる。[12]

[12] ネーゲル「人生の無意味さ」、22頁

空海を例にとりましょう。修行中の空海は《仏道は重要だ》という価値観を生きています。とはいえ彼はふと我に返って「自分はなぜこんなことに一生懸命なのだろうか」と疑問をもつことができる。実際、例えば仏教のことなどまったく知らない神主がいたとしたら「ノウボウアキャシャ……」などと唱えることなど全然重要だと考えないでしょう。小説家についても同様です。マルタン・デュ・ガールも、例えば広大な宇宙の歴史からすれば自分が長編小説を仕上げようが仕上げまいがどうでもいいことだろうな、と考えて、《芸術は重要だ》という価値観の外部に立つことができる。そしてこうした外部の視点に立つと、自分が創作活動に一生懸命になっていることがいわば「しかるべき理由」のない事柄だ、という事実に気づくことになります。

ネーゲルは私たちがもつ〈特定の価値観から一歩退く能力〉を次のような面白い仕方で表現しています。

> われわれは各々、自分自身の人生を生きている［…］。だが、それにもかかわらず、人間には特別の能力があって、ちょうど砂山に四苦八苦しながら登って行くアリを見るときに湧いてくるような第三者的な驚嘆の念をもって、自分自身と自分が従事している人生とを、一歩退いて眺めることができるのである。[13]

アリは砂山を登ることに必死であり、その作業に没頭しています。これに対して、アリの努力を外から眺める私たちは、その必死さに心打たれながらも、《ちっぽけな作業に一生懸命だ！》と複雑な気持ちになる。そして私たち人間は――興味深いことに――こうしたアリを見るような仕方で、自分自身を眺めることができる。そして、自分はよくよく考えればどうでもいい作業に一生懸命打ち込んでいる、と気づくことができるのです。

しっかり押さえておきたいのは、私たちがどんな価値観に対しても一歩退くことができる「それはよくよく考えればどうでもよいことだ」と言うことができるのは、人間のある種の能力の「高さ」のためだ、という点です。ネーゲル自身は、ネズミが生の無意味さに悩まないという事実を挙げながら、その理由を「自己意識と自己超越の能力が欠けているから」[14]としています。私たち人間は、ネズミやアリと異なり、自己を対象化し、自己の価値観を「超えて」、その外部に視点をとることができる。そして、こうした能力をもつことの結果として、私たちは人生に絶対的な目標が見出せないことを悩むことになるのです。

[13] ネーゲル「人生の無意味さ」、24頁
[14] ネーゲル「人生の無意味さ」、35頁

(5) 国家や歴史を相対化しうることの必然性

以上の議論は、国家や歴史と人生の意味との関係――すなわち今回の主題――の理解を深めるのに役立ちます。ネーゲルは、人生に意味を与えようとするひとびとが通常「社会、国家、革命、歴史の進歩、科学の前進といったものへの奉仕や、宗教や神の栄光への献身」などの〈人間を超えた何か〉を重視するという点を指摘しつつ、[15] 次のように論じます。

［…］われわれはまた、歴史や科学の進歩、社会や国家の繁栄、権力、神の栄光といったものから一歩退き、同じようにして、これらすべてのものに疑いをもつこともできるはずである。[16]

実際、私たちは例えば〈皇室の繁栄と国体護持を至上の価値とする視点〉の外に立つことができます（これは私たちがもつ自己意識と自己超越の能力のためにつねに可能です）。そしてこうした外的な視点に立つと《人間魚雷作戦は国家の存続に貢献するものであり有意味であった》という意義づけがかなり恣意的なものに思えてきます。そして、そもそも「国体」を「護持」することに何の意味があるか、という疑念も浮かんできさえします。[17]

本節で確認したことをまとめておきましょう。

たしかに国家や歴史（そして宗教や芸術など）といった人間を超えたものは、ある意味で

（すなわち相対的な程度において）、個々人の生を有意味にすることができます。実際、それだからこそ、大西瀧治郎や平泉澄は国家や歴史を引き合いに出して若者の自爆攻撃を意味あるものと見なすことができました。とはいえ――ここが重要ですが――こうした国家や歴史への訴えもまた、私たちが「とはいえそもそも国家の存続や歴史的伝統の維持に貢献したところで何になるのか」と問い、それによって《やはりすべてはどうでもよい》と考えてしまうことを止めることはできません。

平泉は、黒木の「道義心」（と彼が見なすもの）を高く評価しつつ、『物語日本史』を次の文で閉じます。すなわち「今もなお残る幾多の傷害、幾多の困難に打ち勝って、日本国を崇高なる伝統の光ある国とし、よってもって全世界の真実の平和、真実の幸福に貢献するもの、それもまたかくのごとき純粋の道義心でありましょう[18]」と。

[15]　ネーゲル「人生の無意味さ」、26頁

[16]　ネーゲル「人生の無意味さ」、27頁

[17]　念のため注意すれば、ここでは《皇国史観が間違っている》と言いたいのでなく、むしろ《それはつねに相対化可能だ》という点を指摘したいわけである。バランスをとるために触れておくと、例えば共産主義イデオロギーやいわゆる「史的唯物論」なども同じ意味で相対化可能である。それゆえ共産化の重要性を絶対視するひとは、皇国的価値を絶対視するひとと同様、私たちがもつ〈一歩退く能力〉を忘れていると批判されぬわけにはいかないだろう。

[18]　平泉『物語日本史（下）』、２０７頁

平泉の語り方の問題点をひとつ挙げるとすれば、《彼は自分の価値観からまったく距離をとれていない》という点です。実際には、私たちは彼の重視するような皇国的価値観を相対化する能力をもつので、平泉自身もこうした相対化の可能性を認めたうえで筆をとるべきでした。「人生の意味をめぐる問題」の文脈で言えば、平泉はニヒリズムの可能性を安易に無視していると言えます。国や歴史はそう簡単に私たちの生の意味の源泉になってくれない、ということです。

第６節　物質と〈ただ在るに過ぎないこと〉
――世界は絶対的に無意味か

（１）人生の意味と唯物論の問題

前節では、国家や歴史が私たちの生に絶対的な意味を与えることはありえない（なぜなら私たちはどのような特定の価値観からも距離をとりうるから）、という点を確認しました。他方で、ここからさらに進んで、私たちの存在の絶対的な無意味さを主張する哲学者もいます。こうしたひとの理路によると《意味など一切存在しない》ということが根本的な真理なのです。

人生と世界の根本的無意味を主張する立場――本節はこれを考察します。おそらく、この立場は人間のあり方の重要な側面を指摘していると言えるので、私たちはその内容を精査する必要がある。とはいえ、この立場は無視できない限界も有しています。実際――この点を押さえるのが本書の前半の最終目標ですが――生を絶対的に無意味だと見なすことは、実のところ、私たちにとって可能ではないのです。本節と次節では《私たちは存在の絶対的無意味にまで墜落することはないのだ》という点を押さえ、本書における人生の意味に関する積極的主張を開始したいと思います。

ところで人生を絶対的に無意味だと考えるひとは、どのような根拠からそう考えるのか。こうした思想を支える理屈は複数存在しますが、典型的な根拠は《人間は、よくよく考えれば、ただ存在するだけの物に過ぎず、そこにはいかなる高次の意味も目的も存在しない》というもの。とりわけ、一切は物体の集まりに過ぎない、と主張する「唯物論（materialism）」はこうした考えに繋がりえます。本節と次節では、唯物論に関わる議論のうちで人生の意味の話題に関連するものを取り上げ、〈人生の有意味さ／無意味さと、唯物論との関係〉の理解を深めることも目指しましょう。

本節の議論は以下の順序で進みます。はじめに、イントロとして「存在に意味など無い」という文章を読んだときの萩尾望都（はぎおもと）の反応に触れ、続けて唯物論と意味の関係を考察し、最後に——本節のメインの箇所ですが——唯物論にもとづいて《人生と世界は根本的には絶対的に無意味なのだ》と主張するひとつの議論を確認します。

(2) 一切はただ在るに過ぎない

本節が目指すことは、《すべてはただ在るに過ぎない》という事態を感覚的次元で理解することです。はじめに導入的な話をしましょう。

出発点として押さえるべきは、私たちがしばしば《存在には意味がある》と考えてしまう、という点です。この傾向を例えば漫画家の萩尾望都の以下の引用は表現している。萩尾は、若い頃に「レゾンデートル（フランス語で「存在理由」を意味）」という単語を知り、「存在には、理由があるのだ」と閃いたらしい。曰く、

> 窓の外を見ました。空があり、星があり、雨が降り、一日があり、時が過ぎる。考えてみればそういうもの全てに、存在する理由があるのかぁ……という茫洋としたことを考えました。理由があって存在している諸々のものの中に、同じく存在している私って、何なのだ？
> 「私は何のために、生きているのだろう」「人類は何のために存在しているのだろう」「なにかいいことをするために？（素朴だ）」「ただ、命をまっとうするため？」
> この考えは波のようにうねって、よせたりひいたりしました。[1]

私は萩尾の文章が一定の真理を表現していると考えますが（存在と生の意味があることに関

［1］萩尾望都「哲学の旅」（永井均『マンガは哲学する』、岩波現代文庫、2009年、同書の解説として所収）、249-250頁

する私の積極的な考えは次節以降に提示される)、とはいえ彼女の抱く感覚は別の真理を覆い隠す効果も有しています。それは第一に、たんに茫洋と《存在には意味があるのだなあ……》と考えることは素朴すぎる、ということ。はたして存在全体、すなわち宇宙そのもの、言い換えれば私たちを含む一切の実在、こうしたものはなぜ存在しているのでしょうか。実に――この点を感覚的に摑むために以下でいろいろな話をしますが――宇宙はただ在るに過ぎません。そこには何らの理由もない。それゆえ哲学者の永井均は的確に次のように言います。「そもそも存在に意味(「何のために」という問いへの答え)があるという前提は、何かまちがった信仰にもとづいている[2]」。

《存在には意味がある》という考えに「浸」り、漠然とした心地よさを感じていた萩尾は、永井均のいま引いた文を読んで「えええぇー!」と驚いたらしい。曰く、

「存在には何か意味があるという」考えに浸るのは、人との関係や、ほどよい距離に悩むよりはずっと楽でした。なのに、「そもそも存在に意味(「何のために」という問いへの答え)があるという前提は、何かまちがった信仰にもとづいている」のかぁー。存在に意味などないのかぁー[3]。

萩尾は衝撃を受けています。私自身について言えば、すでに長らく《存在に意味や理由な

ど無い》というある種の「真理」を見つめてきましたが、それでもこの「真理」は目を向ける度に驚きと不安を引き起こします。本節では、存在をいわば「剝き出し」にして《一切はただ在るに過ぎない》という事態を明るみに出し、それにともなう驚嘆と不安を共有したいと思います。

(3) 存在の脱意味化

一般に、私たちが自分の普段の価値観や意味づけから距離をとればとるほど、存在の無意味さはますます明るみに出ると言える。例えば18世紀のフランスの医師ド・ラ・メトリは、ある種の医学的視点を徹底し、人間を極めて「非日常の」観点から眺めます。すなわち彼は、その著書『人間機械論』において独自の「唯物論」[4]にもとづき、人間の言語や思考を以下のような仕方で〈物質の運動〉に過ぎないものとして説明しようとしました。

ヴァイオリンの絃(いと)ないしクラヴサンの鍵(キイ)が震動して音を発するごとく、音線に打たれた

---

［2］永井均『マンガは哲学する』、201頁

［3］萩尾望都「哲学の旅」、250頁、四角カッコ内は引用者補足

［4］それは、《非物質的な霊魂は存在しない》という、当時有力であったデカルトやライプニッツの哲学に対抗する意図をもった唯物論である。

脳の紘は、それに触れた言葉を発するように、ないし鸚鵡返しに言うように、刺激されているのである。[5]［…］

［…］かくして判断力、推理力、記憶力は、魂の部分に過ぎないのであるが、それは少しも絶対的のものではなく、この一種の髄質膜（toile médullaire）の多様な姿にほかならないのであり、この幕のうえに、眼に描かれた対象が、あたかも幻灯で写すように反射させられるのである。[6]

引用の要点は、言語や思考などもその本性は物質の運動であり、きわめて複雑に見える人間の生も煎じ詰めれば物質の戯れの集まりに過ぎない、というところ。そしてここで第一に押さえたいのは、ド・ラ・メトリが人間の生を物理現象の一種と見なせるくらいに「醒めた」視点をとっている、という点です。

さて──第二に押さえたい点ですが──《人間が物質の集まりに過ぎない》という見方は容易に《人間が存在する理由など無い》という見方に繋がります。ド・ラ・メトリ自身が人間存在の無意味さを強調したかったかどうか分かりませんが（おそらくここまで進む積極的意図は無かったと思われる）、彼も自らの唯物論的な見方から「人間はおそらく偶然に地球の表面のどこか一点へ投げだされたもの」[7]という帰結を引き出しています。これは要するに、人間は物質がたまたま一定の仕方で振る舞ったために存在しているに過ぎず、もし宇宙を作り上げる諸物質が別の仕方で運動していたならば私たちは存在しなかったであろう、ということ。こうなると、人間は宇宙においていわば〈無くてはならぬ存在〉ではなく〈無くてもよかった存在〉だ、と言えることになります。

同じ点を別の事例で敷衍しましょう。生物学もまた人間を「非日常の」観点から見ることを可能にします。例えばイギリスの生物学者のリチャード・ドーキンスは、人間という存在が地球上に現れたのは、自己の複製をより多く残そうとする遺伝子の作用の進化的な結果だ、ということを示唆しうるような著書『利己的な遺伝子』を著しましたが、この本の読者から著者に以下のような便りが届いたらしい。

［…］一〇年以上にわたって私を苦しめてきた一連の鬱状態について『利己的な遺伝子』を強く非難する。……精神的な人生観にけっして確信がもてなかったが、何かより深いものを見つけようと試みて——信じようと試みてみたが、うまくできなかった——、私はこの本がまさに、そういった面で私がこれまで漠然ともっていたあらゆる考えを吹き飛ばし、そうした考えがこれ以上合体するのを妨げようとしていることに気づいた。このことが、

［5］ド・ラ・メトリ『人間機械論』（杉捷夫訳、岩波文庫、1957年改版）、66頁
［6］ド・ラ・メトリ『人間機械論』、68頁
［7］ド・ラ・メトリ『人間機械論』、85頁

数年前に、私に極めて強い人格の危機(パーソナル・クライシス)をつくりだしたのだ。[8]

この読者はドーキンスの本を読んで「鬱状態」に陥りました。これはある意味でよく分かります。なぜなら同書には以下のような記述がたくさん見出されるからです。

先にも述べたように、一腹子のうちの一匹がとくに小さな個体となる場合がある。このような子どもは、他の兄弟たちのように元気に食物を取り合うことができず、死んでしまうことも多い。このような子どもは死なせてしまったほうが、実際に母親にとって有利となることがある。いったいどんな条件のときにそうなるかは、先にも考察しておいた。[…]育ちそこねた子どもの余命が、小型化、衰弱化によって短くなり、親による保護投資が彼に与える利益が、同量の投資によって他の子どもたちの獲得しうる潜在的利益の1／2より小さくなってしまうなら、彼は自ら名誉ある死を選ぶべきなのである。そうすることによって彼は、自己の遺伝子に最も大きく貢献しうるからである。[9]

引用文の主意は(粗っぽくは)、兄弟は同じ並びの遺伝子の複製をもっているので、「育ちそこねた子ども」は、条件次第では、死ぬことが自己の遺伝子の利益になる、ということ。実にこうした文章は、人間における「親」・「育ちそこねた子ども」・「保護」などの概念から日常的な意味を奪い、それらを遺伝子の効率的複製のメカニズムのうちに同化しかねません。そしてその結果《人間の家族関係もこうしたものに過ぎないのではないか》という疑いを引き起こすことがありうる。こうした場合に人間存在の意味をめぐる不安や絶望が生じるのは容易に理解できます。

別の角度から敷衍しましょう。仮に生物学の書物や講義などによって《人間は遺伝子を運ぶ乗り物に過ぎない》ということを信じるしかなくなれば（本来の生物学がそうしたことを主張しうるか否かは措くとします）、もはや人生に深い意味や理由を認められなくなります。というのも――同じ点を繰り返し指摘していますが――《根本的に存在するのは遺伝子を構成する物質であり、人間の行動はそうした物質の作用の結果に過ぎない》という考えに取り憑かれれば、私たちは人間存在を「根本的にはとくに意味はない」と見なさざるをえないからです。ドーキンスの文章の視点に立てば、親が子に対してもつ愛情も、根本的には物質的作用である遺伝子の振る舞いの結果に過ぎないと解釈されてしまいます。

［8］リチャード・ドーキンス『利己的な遺伝子〈増補新装版〉』（日高敏隆訳、紀伊國屋書店、2006年）、xii頁
［9］ドーキンス『利己的な遺伝子〈増補新装版〉』、194－195頁

（4）船木英哲の絶対的無意味

以上で見てきたように、いわば「物質の次元」まで下降して人間を眺めれば、私たちがふだん人間の貴さに結びつけていること（思考や愛情）はたんなる物質の作用として説明され、その重要性は剥奪されてしまいます。この意味で、「唯物論的な」視点は人間存在の脱意味化の働きをもつ、と言えるでしょう。

さて――ここからが本節のメインの部分ですが――現代の日本には、以上で紹介したような理路を徹底化する哲学者がいます。このひとは在野の研究者（すなわちアカデミアの外部で哲学研究に取り組む研究者）の船木英哲であり、彼はある著作[10]で唯物論（これは「物質主義」と呼ばれますが）にもとづいて《人生は絶対的に無意味だ》と主張します。私は、船木は徹底を試みすぎて道を踏み外した、と考えていますが、それでも彼の議論は無視できない正しい部分を含むとも感じています。以下、船木の議論を、便宜的に複数のステップに分けて追っていきたいと思います。

船木は第一に「意味の派生性」と呼びうる事柄を主張する。すなわち、「意味」とは人間が気にするところの何かであり、仮に世界に石や金属などの無機物しか存在しなければそこで「意味」など問題にならなかったでしょうし、さらに言えば、たとえアリやネズミなどの生物がいたとしても人間が存在しなかったならばやはり「意味」は問題にならなかったはずです。結局、「意味」なるものは、宇宙の広大な時間の流れの中に人間が現われてはじめて

問題になる。この点を論じて船木曰く、

［…］人間は世界にあるさまざまな客観的な事物に名前を与え、内容（意味）を与え、世界を切り取って物事を認識している。事物の名前と内容（意味）、すなわち、ある事物が何であるかは、人間の認識を通して決定され生じることであり、人間という認識者がいないところでは、つまり、人間との関わりのないところでは、事物・現象は本来何ものでもないのである。いかなるものも、何でもないものとしてあるのである。[11]

これは、言ってみれば、「脱意味化の極北」です。例えば――前節で取り上げた国史学者を例にとって説明しますが――沖縄戦の玉砕を平泉澄は「元寇に対して菊池武房(たけふさ)が表わしたような特攻精神」などと意味づけたことがあるのですが、[12] 彼はこうした仕方で沖縄での凄惨な死を有意味化していると言える。とはいえ、船木の考えに従うと、そもそもこうした意味付与が可能であるのは、私たち人間がそのような仕方で事物を捉え・特徴づけうるからです。そして、《こうした意味づけを超えて、沖縄戦の出来事がそれ自体でどんな意味をもつか》

[10] 船木英哲『人間の生の無意味さはいかに語られるか』、東洋出版、２００８年
[11] 船木『人間の生の無意味さはいかに語られるか』、74頁
[12] 立花隆『天皇と東大 Ⅲ 特攻と玉砕』（文春文庫、２０１３年）、４１７頁

と問えば、それは〈ただそのように生じたところの出来事〉でしかありません。要するに、事物それ自体には何ら意味はない、ということです。

以上のように、船木の考えでは、意味は人間がいわば「後から」世界に付与するものだと言えます。だが——議論の第二のステップですが——そうなると世界それ自体は何であるのか。世界とは、船木曰く、一方で人間が意味を付与する「対象」なのですが、他方でそれは〈そこで人間の意味付与作用が生じるところの、それ自体は無意味な基盤〉でもあります。すなわち、

［…］対象のがわに一定の物理的秩序・規則性、あるいは、それをもとに成立している物理的事物はあるが、それぞれの物理的秩序・規則性自体に、あるいは、それをもとに成立している物理的事物自体に、内容（意味）——それが何であるか、どういうものであるかということ——はない。内容（意味）は、それぞれの物理的秩序・規則性、あるいは、それをもとに成立している物理的事物と、人間の関わりの中で生じ、人間が各状況下でそれぞれの物理的秩序・規則性、あるいは、それをもとに成立している物理的事物に付与しているものである。[13]

ポイントは、意味付与という働きさえも、それ自体として無意味な物理的事物の作用のも

とで生じている、というところです。船木によれば、世界の真実相には〈物のうごめき〉しか存在しない。結局、世界は、何の意味もなく、いわば内容の無い「物」としてただ在る。そしてこの世界に存在する人生も「ただ在る」ということの一部に過ぎません。

ちなみに船木は人生の無意味さを主張する彼の議論が「基本的に、物質主義に基づいたものである」と述べるのですが[14]、彼の「物質主義」あるいは「唯物論」が（一般的なそれに比して）ある方向に純化されたものだという点は押さえておく必要があるでしょう。実に、「物質」という語はいろいろな意味をもちますが、例えば古代の新プラトン主義者がそれを不活発な「暗闇」の一種と見なし〈形やロゴスのないもの〉と規定したように[15]、物質の根本特性のひとつは〈無規定性〉です。船木は「物質」概念をこの方向で純化し（そうでなければ彼の議論は理解できない）、それでもって唯物論を《一切は、意味や理由をもたず、ただ在るに過ぎない》という見方へ展開するわけです。とはいえ――次節で指摘することですが――世界はこの意味で「ただ在る」ところの物から成る、と主張することは私たちにとってそれほど容易ではないのです。

[13] 船木『人生の無意味さはいかに語られるか』、62頁
[14] 船木『人生の無意味さはいかに語られるか』、19頁
[15]『世界の名著15 プロティノス ポルピュリオス プロクロス』（中央公論社、1980年）、151頁、241頁、参照

いささか衒学的なことを述べたかもしれませんが、ここで優先したいことは船木の言いたいことの筋道を摑むことです。同様の議論を引くと、

「世界」と呼ばれるものも、もとをただせば、何ものでもなく、何でもないものとしてわたしたちの回りにあるのである。人間は一般にわたしたちの周囲にあるものを全体として思い描き、それに「すべての存在者の総体である」、あるいは、「あらゆるものを取り巻く、これ以上大きなものがない何かである」、「際限なく連続してあるエネルギーである」といったもろもろの内容（意味）を与え、「世界」という名前を与えているが、「世界」と呼ばれるものも本来何ものでもない。[16]

敷衍して言えば、「世界」と名指される以前のいわば〈世界それ自体〉は人間の意味づけをまったく超えており、善悪の区別も、美醜の区別もなく、いわば「むき出しの」存在だ、ということ。このような船木の議論の骨格を分析すれば以下のようになるでしょう。

（一）人間は、事物に名前を与え、それに内容や意味を与え、世界を認識している。

（二）それゆえ、こうした〈人間による意味づけ〉を離れた、世界それ自体は、ただ在るだけのものであり、何の意味ももたない。

（三）したがって、世界の中にある人生も、それ自体では、ただ在るだけのものであり、何の意味ももたない。

こうした議論には正しいところがある、と私は言いたい。実際、「意味」なるものは、ここで論じられているように、相当に「主観的な」面を有します。言い換えれば、意味（や理由や目的）が物自体に属するとは考えない方がいい、ということ。以下、この点を手短に説明します。

押さえるべきは、意味が物質や物体そのものに属すると考えられる場合、人間の創造的活動は適切に理解されなくなる、という点です。例えば鯨にはひげがあるものもいますが、いわゆる「鯨ひげ」のことを考えれば《意味が物に内属する》という見方のまずさが判明する。というのも、「鯨ひげ」と呼ばれるものはたんに〈ひげ〉であるだけでなく素材であり、釣竿の先端部・傘・扇子・ぜんまいばね・くつべらなどさまざまなものに加工しうるからです。あるいは、似たようなケースとして、旧約聖書の次の有名な場面がある。

女が見ると、その木はいかにもおいしそうで、目を引き付け、賢くなるように唆（そそのか）して

[16] 船木『人間の生の無意味さはいかに語られるか』、75頁

いた。女は実を取って食べ、一緒にいた男にも渡したので、彼も食べた。二人の目は開け、自分たちが裸であることを知り、二人はいちじくの葉をつづり合わせ、腰を覆うものとした。[17]

ここでも、いちじくの葉が素材として加工され〈腰を覆うもの〉という新たな意味を得ています。このように意味は、内属というよりも、付与という次元で理解する方がよさそうです。あるいは、美学の世界へ目を向ければ、例えばフランスの現代芸術家アルマンはゴミを集めて箱に詰めて「ゴミ箱（Poubelle）」という作品を作りましたが、《この物体が芸術の意味をもちうる》という事態もまた、少なくとも《意味が物に内的に帰属する》という想定のもとでは説明できないでしょう。[18]

要点を繰り返せば、《意味は人間が付与するものだ》という見方は少なからぬ真理を含むと言えます。とはいえ——重要な点ですが——この見方から、私たちが《世界それ自体は何らかの意味をもたない》と主張することへ進むことは、それほど容易な一歩ではないのです。いや、むしろ、次節で指摘するように、私たちは《一切は無意味だ》と主張することには必ず矛盾や自家撞着が含まれる。加えて、たったいま「意味は相当に主観的だ」と述べましたが、それでも意味は完全には主観的だと言えず、人間は物事の意味をいつでも恣意的に変更できるわけでもありません。こうしたことは船木の議論の不十分な点に関わりますが、これについては節を変えて確認したいと思います。

［17］『聖書 新共同訳』、「創世記」、３－６、３－７

［18］ちなみに《なぜゴミを集めたものが芸術作品の意味をもちうるのか》はそれ自体興味深い問題であり、美学者の佐々木健一はこの問いに対し、いわゆる「アートワールド」（これはダントーの概念）の認知によって芸術作品の意味合いが得られる、という考えを提示している（『美学への招待』、中公新書、２００４年、１７２－１７３頁）

第3章

有意味さの不可避性と相対性

第7節 人生の不条理とアイロニーを伴った生き方

(1) 絶対的な無意味さの不可能性

第5節で私たちは、国家や歴史(あるいは芸術や宗教)などに頼っても人生に絶対的な意味を与えることはできない、ということを確認しました。続けて第6節で私たちは、《世界と人生はただ在るに過ぎない》という事態を考察し、そのうえで世界と人生の絶対的な無意味さを「主張」する船木英哲の次のような議論を追いました。

(一) 人間は、事物に名前を与え、それに内容や意味を与え、世界を認識している。
(二) それゆえ、こうした〈人間による意味づけ〉を離れた、世界それ自体は、ただ在るだけのものであり、何の意味ももたない。
(三) したがって、世界の中にある人生も、それ自体では、ただ在るだけのものであり、何の意味ももたない。

この論証には正しい側面もあるのですが（前節の終盤で説明した）、はたしてこの議論は人生の絶対的な無意味さを「立証」することに成功しているでしょうか。

この問いに答えるに先んじて、《船木自身がこの点に関して「迷い」を告白している》という点を指摘しておきたい。例えば、彼曰く、

人間の生を無意味とする論が、客観的に見て、何か正当性をもっているのかいなか、定かではない。まるっきり空論なのかもしれない。魂の堕落した者には世界の真相は捉えられず、世界は無意味なものに映ると、ある人はいうかもしれない。[1]

押さえるべきは、世界と人生の絶対的無意味を結論する議論を提示する船木も、この議論の「正当性」について確信がもてない、という点です。実に――今から説明するように――私たちは、人間のある特有のあり方のために、世界と人生の絶対的な無意味さを無条件的に主張することができません。それゆえ船木が自身の議論に迷いを抱くことには、もっともな理由があると言えるわけです。

［1］船木『人間の生の無意味さはいかに語られるか』、205頁

だがなぜ私たちは人生の絶対的な無意味さを「端的に」主張することができないのか。それは、そのように主張することがある種の矛盾を含むからであり、この矛盾は《ひとが、人生の絶対的な無意味さを主張して、それで良しとする》ということを不可能にするからです。この点を説明すれば以下のようになります。[2]

実に、船木の議論を聞くといろいろなことを問いただしたくなる。――あなた自身、自分が語るべしと考えることを、人間として語っているではないか。そして、人間として語る以上、物事に一定の意味や内容を認めているではないか。例えば、あなたは世界を「何でもないもの」と呼ぶが、このように呼ぶことによって世界に〈何でもないもの〉という意味を与えているではないか。そしてあなたは、世界にこうした意味づけを為すにあたって、事物のいるではないか。それは例えば、世の中の多くのひとは〈意味〉をいわば客観的存在と捉えがちだが、そうしたひとに対しては「世界はそれ自体では無意味だ」と指摘することが有意味だ、などの理由であり、こうした理由なしにはあなたはそうした主張を行なう動機を有さないではないか。あなたは、言葉の上では「一切は無意味だ」と言うが、自身の行動を通して一定の事柄に意味を認めているではないか、などなど。

要点は、「世界それ自体は無意味である」と語ろうとする船木でさえも何らかの次元で事物や出来事の意味を認めざるをえない、ということです。そしてなぜそうなるかと言えば

――第5節で触れたネーゲルの指摘ですが――私たちは、そのつどの行動を選ぶことによって、ある特定のことを他のことよりも「有意味」と見なしているから。結局のところ船木は、人生の絶対的な無意味さを主張することによって、《そう主張しない人生よりも、そう主張する人生の方が有意味だ》という価値観にコミットしてしまっている。この意味で《世界も人生も絶対的に無意味だ》という命題は、それ自体相当の真理性を有すると思われるが、単純に「主張」できるもの（すなわちそれを主張してそれで良しとできるもの）ではありません。

思うに、船木が自分の議論の正当性に関して迷いを感じたのは、たったいま説明した微妙な点に彼自身も気づいていたためです。それゆえ彼はある箇所で、自らの「人間の生を無意味とする論」を論駁不能な真理と見なすのではなく、むしろ「一つの忌憚なき問題提起」だと記述しました[3]。要するに船木は、人生の絶対的な無意味さをめぐってはいまだ考察すべき問題がある、と考えていたわけです。本節の残りの箇所（および続く諸節）では、彼の「問題提起」に応じる意味も込めて、人生の意味に関する本書の積極的な見方を展開したいと思います。

ちなみに、前節の終盤では「意味の主観性」を強調しましたが、ここで「意味の客観性」

［2］これは山口尚「歴史における人生の意味の照応――日本近現代史と物語論」の第4節で展開したことのある説明である。

［3］船木『人間の生の無意味さはいかに語られるか』、205頁

なるものに触れておきたいと思います。先に挙げた事例ですが、たしかにいちじくの葉は〈腰を覆うもの〉という新たな意味を得ることができます。とはいえそれでも私たちはそれに〈いちじくの葉〉という意味を付与せぬわけにはいきません。すなわち、一方で——船木の指摘するように——意味（や目的や理由）は人間の出現をもってはじめて現れるものだと言えるのですが、他方で私たち人間はそうした意味の付置を自由に変更できるわけでもないのです。私たちは、それほど自由自在に改訂可能でない意味空間のうちに「投げ込まれて」いる——かかる「被投性」に気づくことは人間理解にとって相当重要だと言えます。

（２）人生の意味と無意味をめぐる不条理

ここまでの議論で明らかになってきたのは、人生は単純に「有意味だ」とも「無意味だ」とも言えない、という点です。そしてむしろ、人生はある意味で無意味であり、同時に別の意味では有意味だ、と言わねばなりません。すると問題になるのが《それぞれどのような意味か》という問いですが、この点は、すでに言及したアメリカの哲学者トマス・ネーゲルが的確に分析しています。[4] 彼の議論のキー・コンセプトは「馬鹿ばかしさ（absurdity）」であるので、以下では、はじめにこの概念の内容を確認し、そのうえで《人生がどのような意味で有意味であり、別のどのような意味で無意味なのか》を考えてみましょう。

一般に「馬鹿ばかしい」とは何か。ネーゲルは次のような例を馬鹿ばかしい事態として挙げています。[5] 議員が法案を可決させるために必死で演説をしているが、その法案はすでに可決されていた。電話で「好きだ」と伝えるも相手は留守番電話だった。邪悪な犯罪者が慈善団体の代表に任命される。こうした状況は「馬鹿ばかしい」と言えますが、なぜそう言えるのか。

ネーゲルによれば、ある行為や状況が馬鹿ばかしいものになるのは、意図（あるいは願望・期待・目的など）と現実との間に食い違いが生じている場合です。いま挙げた事例の第一のものに関して言えば、《法案を通す》という意図と《それはすでに可決されている》という現実との間に齟齬が存在します。同様に第二・第三の例に関しても、《好きな相手に告白したい》という意図あるいは願望と《機械に向かってしゃべっている》という現実との間、そして《慈善団体の代表には善きひとがなるべきだ》という期待と《悪いひとがそうした代表の座につく》という現実との間に、それぞれ「噛み合わなさ」がある。このように、現実と意図などの間に食い違いがある行為や状況が「馬鹿ばかしい」と呼ばれるわけです。

ネーゲルの指摘のひとつは、人生の意味をめぐって生じる馬鹿ばかしい状況が存在する、

[4] 以下で紹介するネーゲルの議論は、山口尚「神の命令倫理学の利点――ネーゲルとノージックの『人生の意味』論に依拠して」（『宗教と倫理』、11号、2011年、81-95頁）ですでに取り上げたことがある。

[5] ネーゲル「人生の無意味さ」、21頁

というもの。実に――本書の言葉を用いて言えば――《私たちがそのつど特定の価値観へコミットせざるをえないこと》と《私たちがどのような特定の価値観からも距離をとれること》の間の衝突は一種の馬鹿ばかしい状態を生み出します。次にこの点を確認しましょう。ネーゲルは一方で、《私たちはつねに自分の人生を有意味だと見なしている》という事態に関わる事柄として、次のように述べます。

われわれは、真剣な人生を送っていようといまいと［…］ともかく自分自身を真剣に受け取ってはいる。[6]

すなわち、「一切はどうでもよい」と繰り返し嘯(うそぶ)いて真剣さの無い人生を送ろうとも（あるいは何かに打ち込んで真剣な人生を送ろうとも）、いずれにせよ私たちは何らかの次元で自分の人生を「真剣に」生きざるをえない、ということ。このことは他のひと（恋人や家族）の生を真剣に重視する場合にも成り立ちます。私たちは煎じ詰めればつねに、少なくとも根本的な次元では、自分の人生をより有意義なものにしようと努めている。この事態をネーゲルは「真剣であることの避けがたさ（unavoidability of seriousness）」[7]と表現しています。

他方でネーゲルは、（すでに引用したように）「人間には特別の能力があって、ちょうど砂山に四苦八苦しながら登って行くアリを見るときに湧いてくるような第三者的な驚嘆の念をもって、自分自身と自分が従事している人生とを、一歩退いて眺めることができる」と述べ、こうした一歩退いた視点において何が見えるかについて次のように言います。

外側から自分自身を眺めると、自分の目ざしているものやそれを追求することが、いかに偶然的で特殊的であるかがはっきりしてくる[8]［…］

ここでは第5節で指摘した事柄が確認されている。すなわち、私たちは、自分が真剣に打ち込んでいる（さらには真剣に打ち込まざるをえない）ことについて、一歩退いて《それはよくよく考えればどうでもよいことだ》と気づきうる、と。このように私たちは自分が真剣に打ち込んでいることの絶対性や必然性をつねに疑いうるのですが、この事態をネーゲルは「疑うことの逃れ難さ（inescapability of doubt）[9]」と呼んでいます。

さて――本節で新たに指摘される事柄へ足を進めますが――ネーゲルによれば、以上の二

［6］ネーゲル「人生の無意味さ」、23頁
［7］Nagel, Thomas, 1970. "The Absurd," *Journal of Philosophy*, 68: 716-727, reprinted in his *Mortal Questions*, Cambridge: Cambridge University Press, ch.2. 引用したフレーズは同書の14頁に登場
［8］ネーゲル「人生の無意味さ」、25頁
［9］Nagel, *Mortal Questions* の14頁

点はある種の「食い違い」を生む。なぜなら以上の二点を踏まえると、一歩退いて反省すれば「どうでもよいことだ」と判明する事柄に、私たちは真剣に打ち込んで生きている、ということが判明するからです。

例えば、私はこの節を執筆している現時点において〈本を仕上げること〉を目指し必死で頑張っていますが、いったん立ち止まって反省すれば《この本が完成しようがしまいが根本的にはどっちでもいい》ということに気づきます。ここで必ずや押さえるべきは、このことに気づいたところで、私は〈本を仕上げること〉をどうしても目指してしまう、という点。粗っぽく換言すれば、私はどうだっていい事柄に真剣に取り組んで生きており、それを止めることができないわけです（この意味で、「意味」というものは完全に主観的なわけではなく、私たちの恣意でどうにでもなるものではありません）。

このことは私だけに限らない。ネーゲルが「普通の人々が自分の容貌、健康、性生活、情緒的な誠実さ、社会的有用性、自己認識、家族や同僚や友人との人間関係、仕事をどのくらいよくやっているか、世界情勢を理解しているかどうか、といったことがらに、どれほど必死になっているかを、考えていただきたい[10]」と言うように、私たちはみな、根本的にはどうでもいい事柄を、人生の一大事と見なしながら生きています。このように人生においては、ある事柄を重要だと見なす私たちの信念と、それはよくよく考えれば重要でないという事実との間に、食い違いが存在している。この意味で、私たちはみな「馬鹿ばかしい」生を生きていると言えます。実存主義の文献では、人生のこうした馬鹿ばかしさ——有意味性と無意味性の食い違いから生じる馬鹿ばかしさ——は「不条理」と呼ばれるときがある。

いったんまとめましょう。人生はどのような意味で有意味であり無意味なのか。第一に、私たちは生きている限り何事かに真剣に取り組まざるをえず、この意味で私たちはそうした取り組みとそれを含む人生を「有意味」と見なさざるをえない。とはいえ第二に、私たちはいつでも一歩立ち止まって《自分が取り組んでいることは根本的にはどうでもいいことだ》と気づくことができ、この意味で私たちの取り組みとそれを含む人生はつねに「無意味だ」と判明しうる。この二側面が、意味と無意味をめぐる私たちの生の根本的な状況を構成しており、この食い違いはおそらく解きほぐすことができません。私たちはこうした矛盾した、不条理な状況を生きている——というのがネーゲルに倣って本書が主張したいことのひとつです。

（3）この不条理な生をどう生きるか——アイロニーの勧め

とはいえこの主張は別の問題を生みます。なぜなら、矛盾した状態は〈居心地の悪さ〉を含むので、人生が有意味／無意味という点でどちらとも言えないものであるならば、こうし

［10］ネーゲル「人生の無意味さ」、24頁

た不条理な生をどう生きるべきかという問題が生じるからです。実際、一切はよくよく考えればどうでもよいものだという事態に鑑みれば、「特定の何事にも執着しない生き方が最良なのではないか」という問いが生じたりするでしょう。《人生は不条理だ》というテーゼは、私たちの生の根本性質を記述する命題なのですが、同時に私たちへ「どう生きるべきか」という実存的問題を提起するものでもあるのです。

さてこの問題に対して、何事にも執着しない生き方がベストだ、と単純に言うことはできません。この点を例えばネーゲルは次のように説明します。

［…］このような自己脱色（self-etiolation）が努力や意志力や克己心といったものの賜物であるならば、そのことは自分自身を個人として真剣にとらえることを、すなわち、卑小な人間的な生を無意味に生きることを避けるために相当な努力をあえてすることを、要求しているのである。このようにしてあまりにも精力的に求められることによって、世俗を脱するという目的の追求は、自ら墓穴を掘ることになる可能性がある。[11]

簡単に言い換えれば、何事にも執着しないよう目指した結果、かえってこうした生き方に執着してしまい、もともとの目標が達せられないことがある、ということ。そもそも人間は生きている限り何かしらのことに多かれ少なかれ「執着」してしまうものであるので、「執着しない生き方がベストだ」と言い放つことはできません（ただしこれは「執着」という語の意味にもよるのですが）。「不条理な生をどう生きるか」という問いは、決して単純な答えを許容しないものなのです。

私自身は（これもネーゲルに倣った主張ですが）、自分の譲れない価値観に対していくらかの距離を保って生きる、といういささか「複雑な」あり方が欺瞞の少ない生き方のひとつだと考えています。例えば第５節で取り上げた軍人の大西瀧治郎や国史学者の平泉澄は、自分の価値観（天皇を戴く国体の維持と繁栄を重視する価値観）からまったく距離がとれず、そのため「自己の価値観の相対性から目を逸らし敢えて狂信状態に陥っている」と非難されうる。大西や平泉のような「狂信者」と、良い意味で「強い信念」をもつひととの差異はある意味で紙一重なのですが、核心的な違いは《自分の究極の価値観を絶対的なものと見なしているか否か》にあるでしょう。そして、このように自分にとって「絶対的」と感じられる価値観の「相対性」を認めて生きることは、ときに「アイロニーを伴った生き方」と呼ばれます。ネーゲル自身も次のように言います。

もし《何かが重要である》と信じる理由が永遠の相のもとでは存在しないのであれば、

［11］ネーゲル「人生の無意味さ」、36頁

この事態もまたどうでもよいことである。それゆえ私たちは、ヒロイズムでも絶望でもなく、アイロニーをもって自分の人生に取り組むことができるのである。[12]

本節の残りの部分で行ないたいことは、《アイロニーを伴った生き方がどのようなものか》を具体的なケースに即して説明することです。なぜ具体例を見るかと言うと、「アイロニー」という概念は誤解されやすいから。例えば哲学者の戸田山和久は、アイロニーを伴った生き方を勧める文脈で、次のように書いています。

人生の超越的な無意味さは、われわれの生から消すことはできない。ならば、それをわれわれの人生の構成要素としてアイロニーをもって受け入れて生きていこう、というわけだ。アイロニカルなニヤニヤ笑いを浮かべながら人生に戻ってきたら、そこでジタバタしている限りにおいて、われわれは自分の人生を生きるに値するものとみなしていることを態度で示している。[13]

ここでは、「アイロニカルなニヤニヤ笑いを浮かべ」て生きよ、と述べられているようにも読めますが、比喩であれ何であれ、このような書き方はアイロニーを伴った生き方を〈生きるに値する生き方〉として描き出しません。そればかりか、アイロニーなるものについて歪んだ理解を形成しかねません。もし戸田山のやりたいことがアイロニーを伴った生き方の勧めであるならば、彼はやるべき作業を行なっていないと批判されざるをえない。

(4) 李陵のアイロニカルな生き方

戸田山がやらねばならなかったことのひとつは〈アイロニーを伴った生き方を、「生きるに値する生き方」として描き出す〉という作業ですが、これはおそらく一般的な理論を提示するだけでは行なわれません。ではどうすべきか。そのやり方のひとつは具体的な個人の生のリアリティに触れることです。[14] 私がアイロニカルな生き方の実践者と見なす人物のひとりは、近代的煩悶と向き合って生きた小説家・中島敦ですが、彼の小説に登場する漢代の武人・李陵もまた(私が考えるところの)アイロニーを伴った生を歩んでいると言えます。以下、小説『李陵』に即してこのひとの生を見てみましょう。

[12] ネーゲル「人生の無意味さ」、ただし訳文は Nagel, *Mortal Questions* の14頁を踏まえて山口自身が作成した(この箇所の永井訳は代名詞の解釈がはっきりしないから)。
[13] 戸田山和久『哲学入門』(ちくま新書、2014年) 411-412頁
[14] 戸田山の『「科学的思考」のレッスン』(NHK出版新書、2011年) は「科学リテラシーを具えた市民」のあり方を説明する際に——抽象論だけだと物足りないと感じられたからであろうか——苫米地ヤス子という具体的個人の生き方を引き合いに出している。戸田山はこうした作業の意義を知っているのだから、『哲学入門』の「人生の意味」論でもそれを行なうべきであった。

李陵は、北辺を脅かす騎馬民族「匈奴」を討つため、武帝の命令で、わずかな歩兵を率いて敵の勢力圏に進み入る。彼は、数万の騎兵を倒すも、最後は敵の捕虜になった。その後、囚われた李陵は、《彼が祖国を裏切り、漢の攻略法を異民族に教えている》という噂のために彼の母妻子が処刑されたと知り、漢への怒りを抱く。よくよく考えれば――と李陵は振り返るが――「今まで我が一家はそもそも漢から、どのような扱いを受けてきたか?[15]」。例えば祖父である武将・李広は、功績があったにもかかわらず、佞臣たちのためにまったく報奨に与らなかったではないか。憤る李陵は匈奴の王(いわゆる「単于」)に、漢を攻める軍への参加を申し出る。李陵を好む単于は彼に「右校王」の役職を与える。しかし、いざ攻めんとするとき、どうしても躊躇してしまい、李陵はとうとう仮病をつかって軍を離れる。

李陵は運命に翻弄されている、と言えます。運命の不条理と向き合い、どう生きるべきか確信がもてない。とはいえ、思い迷いながらも、ギリギリのところで自らを保っています。すなわち、

　匈奴の右校王たる李陵の心はいまだにハッキリしない。母妻子を族滅された怨は骨髄に徹しているものの、自ら兵を率いて漢と戦うことが出来ないのは、先頃の経験で明らかである。再び漢の地を踏むまいとは誓ったが、この匈奴の俗に化して終生安んじていられるかどうかは、新単于への友情を以てしても、まださすがに自信が無い。考えることの嫌い

> な彼は、イライラしてくると、いつも独り駿馬を駆って曠野に飛び出す。［…］疲れてくると、高原の中の小川を求めてその滸に下り、馬に飲かう。それから己れは草の上に仰向けにねころんで、快い疲労感にウットリと見上げる碧落の潔さ、高さ、広さ。ああ我もと天地間の一微粒子のみ、何ぞまた漢と胡とあらんやとふとそんな気のすることもある。一しきり休むとまた馬に跨がり、がむしゃらに駆け出す。終日乗り疲れ黄雲が落暉に曛ずる頃になってようやく彼は幕営に戻る。疲労だけが彼のただ一つの救いなのである。[16]

もはや漢には戻れない。だが匈奴のひとりとして生きるべきか（そして生きられるか）も分からない。こうした〈分からなさ〉と向き合いながら李陵は生きています。思うに、〈匈奴へ尽くす〉という絶対的な狂信へ逃げ込まない点において、李陵の生にはアイロニーが伴っていると言えます。彼は、安易な信仰にすがるのではなく、むしろいわば不確かさに耐えているのです。

だがこれだけではありません。アイロニカルな仕方で生きる李陵は、速やかに自らの「実践的アイデンティティ」を再編成することができます。どういうことかと言えば、例えば、

［15］中島敦「李陵」（『山月記・李陵 他九篇』、岩波文庫、1994年、所収）、39頁
［16］中島「李陵」、42頁

もともと匈奴は李陵にとって〈憎き敵〉ですが、彼はこの考えから柔軟に脱することができる。例えば単于の長男・左賢王が李陵の所へ来て「騎射を教えてくれ」と乞うたときのこと、

　騎射といっても騎の方は陵に劣らぬほど巧い。殊に、裸馬を駆ける技術に至っては遥かに陵を凌いでいるので、李陵はただ射だけを教えることにした。左賢王は、熱心な弟子となった。陵の祖父李広の射における入神の技などを語る時、蕃族の青年は眸をかがやかせて熱心に聞入るのである。よく二人して狩猟に出かけた。ほんの僅かの供廻りを連れただけで二人は縦横に曠野を疾駆しては狐や狼や羚羊や鵰や雉子などを射た。或る時など夕暮近くなって矢も尽きかけた二人が——二人の馬は供の者を遥かに駈抜いていたので——一群の狼に囲まれたことがある。馬に鞭うち全速力で狼群の中を駆け抜けて逃れたが、その時、李陵の馬の尻に飛びかかった一匹を、後に駆けていた青年左賢王が彎刀を以て見事に胴斬にした。後で調べると二人の馬は狼どもに足を噛み裂かれて血だらけになっていた。そういう一日の後、夜、天幕の中で今日の獲物を羹の中にぶちこんでフウフウ吹きながら啜る時、李陵は火影に顔を火照らせた若い蕃王の息子に、ふと友情のようなものをさえ感じることがあった。[17]

匈奴は漢にとって厄介な余所者なのですが、ここで李陵は、胡地で生きるのに邪魔になる

漢人的見方から自らを切り離し、新しいアイデンティティを形成し、自分の人生の物語をそれまでとは違った方向へ展開しています。逆に、仮に李陵がアイロニーを欠く姿勢（すなわち自分の価値観を絶対視する姿勢）で生きていたとしたら、彼は匈奴の民と衝突して遅かれ早かれ命を落とすことになったでしょう。もちろんこのような生き方も「あり」なのですが、アイロニカルな姿勢はそれとは違った人生の物語を可能にします。

アイロニカルな仕方で生きる者は、李陵のような生き方を行なうことが出来るのだ、という点を強調して本節を閉じたいと思います。実に、アイロニーを伴って生きるとは、「ニヤニヤ笑いを浮かべ」て生きることではありません。むしろ《胡族の地にある李陵が、実利的な打算や戦術的な妥協の結果としてではなく、自らの価値観を改訂することによって「夷狄（てき）」と共にある新たな生を切り開く》という事態で発揮されている、自己の価値観から一歩退く能力こそが（ここで言う）「アイロニー」の核心だと言えるでしょう。とはいえ――ここで生じうる自然な問いですが――アイロニズムが〈自分のそのつどの価値観に必ずしも執着しない生き方〉であるならば、アイロニストは何に導かれてそのつどの行動を決定するのか。これに対して私は「ある種の信仰」と答えるのですが、このことの意味は第12節と第13節で明らかになるでしょう。

[17] 中島「李陵」、37頁

次節と次々節では、こうした「実践的アイデンティティ」の再編成という事柄をさらに踏み込んで考察していきたいと思います。

第8節　アイロニーと人生の意味

(1) 自分自身の価値観との距離

ここまでの流れをまとめましょう。第1章で私たちの生の不幸を眺めた後、第2章の初めから前節の途中まで本書は《私たちの生がどのようなあり方をしているのか》を探究し、人生が馬鹿ばかしいあり方をしていること――すなわち私たちはみな、根本的にはどうでもいい事柄を、人生の一大事と見なしながら生きているという点――を確認しました。

他方で、こうした「矛盾的な」状態は居心地の悪さを伴うので、《私たちはこうした不条理な生をどう生きるべきか》という問いが生じます。前節の終盤ではこの問いに対して《アイロニカルな生き方が欺瞞の少ない生き方のひとつだ》と答えました。実に私は――さらに踏み込んで――アイロニーという構え（すなわち自己の譲れない価値観の相対性や偶然性の自覚）は人生においてきわめて重要だとも考えています。もちろん《アイロニカルな生き方がベストだ》や《これしか生きるべき道はない》と断定するつもりはないのですが[1]、本書ではこれ以降、《アイロニーという構えが何を可能にするか》をいろいろな角度から説明していきたいと思います。

議論がこの段階まで深まってくれば、私はいまや私自身のことを語らねばなりません。私は――ここまでの語り方が示唆するように――どちらかと言えばある「左派的な」価値観を有しています。すなわち私はここまで、例えば特攻を否定的に語ったりすることによって、残酷さや暴力性を忌避することを「有意義」とする価値観へのコミットメントを行動で以て示していると言えるでしょう。では私はこうした価値観からどのような距離をとっているのか。本節では、私自身の生き方とアイロニーの関係を論じることを通じて、これを読むあなたの生き方とアイロニーの関係への反省を喚起するよう努めてみます。

本節と次節の目標は「有意味な生き方はどのようなものか」という問いへ本書なりの答えを与えることです。実に――結論を先取りすると――本書は、この問いへ答えないことによってこの問いに答える、というきわめて微妙な道を進むことを目指しています。この問いへはストレートに答えるべきでないのだ、というのが本書の積極的な主張のひとつなのです。

(2) アイロニストがテロや暴力に反対する際の〈どっちつかずさ〉

まずは導入的な話。第5節で――これまで何度も振り返っているように――国家や歴史が私たちの生に絶対的な意味を与えないことが指摘されました。とはいえ、それでも私たちは歴史から、そして日本人はとりわけ日本史から、現在の生き方の指針となるようなものを取り出すことがあります。具体例を挙げましょう。例えば、経済的格差の増大や価値観的対立の激化などによる〈社会的分断〉という現代的問題を考察する文脈で、哲学者の鷲田清一（わしだきよかず）はいわゆる「五・一五事件」に言及して次のように書く。

「話せばわかる」――。これは、五・一五事件、昭和7年5月15日に海事青年将校たちによって時の内閣総理大臣、犬養毅が銃撃されたその直前に口にした言葉として伝えられているものです。こうした言葉がなんの逡巡もなしに無視されるとき、社会は壊れるのだと思います。

とっさに口をついて出たこの言葉に、言論の力と相互理解の可能性が賭けられていたことは疑いありません。けれども、それを聴き入れる魂をもはやもたない人たちにおいては、

［1］ベストな生き方を提案していない、という点を本書の短所だと考えるひとがいるかもしれないが、そうではない。むしろ、ベストな唯一のタイプの生き方など存在しない、というのが本書の積極的主張である。そして、ベストな生き方の不在は「どう生きてもOKだ」という相対主義を帰結する、と考えるひとがいるかもしれないが、私はこうした見方にも与さない。むしろ私は、〈あるべきあり方〉が見つからない中で〈あるべきあり方〉を気づかわねばならないという不条理な状況に耐える方を選びたい。そして、「狂信」に陥らないように注意しながら、生き方をめぐる何かしらの提案を行なえるよう努めたい。

犬養が信じた言論の力は肉体の（暴）力に転位し、相互理解の可能性は相互遮断の現実性へと裏返ってしまっていました。

意見の対立が調停不可能なまでに激化していたこと、そのことに問題があるのではありません。そうではなくて、そういう対立が対立として認められる場所そのものが損ねられたこと、壊れてしまっていたこと、それが問題なのだと思います[2]。

ここで鷲田は歴史上のテロ事件に即して《相互理解を可能にする場が喪失した状況においては暴力が、事態の成り行きを決定するファクターになる》と指摘しています。この指摘を踏まえると、暴力への訴えを避けるためには〈対話の場〉を確保あるいは維持することが核心的に重要だ、と言えるでしょう。歴史をめぐる省察は、このように、私たちに「何をすべきか」の指針を与えることがあるのです。

ところで、五・一五事件から〈対話の場〉の確保／維持の重要性という教訓を引き出す、という理路に対して以下のように問うひとがいるかもしれません。この理屈は《テロや暴力は良くない》という価値観を前提しているが、そもそもテロや暴力は避けられるべきなのか。むしろ、「腐敗した政党」を憎み犬養を暗殺した青年将校たちは真面目な動機からテロを決行したのであり[3]、必ずしも責められるべきではないのではないか。そもそも対話や議論は暴力やテロリズムよりもベターな選択なのか。むしろ、対話で説得できない相手は、殴りつけたり命を奪ったりして黙らせるしかないのではないか。――これは、一般的に言えば、特定の価値観（この場合はある種のリベラリズムの価値観）の絶対性をめぐる問いです。

こうした問いに対しては、何らかの原理を持ち出して《暴力やテロはつねに不正だ》という命題を証明しようとするやり方があるかもしれません。例えば永井均（第6節で言及した）は、「ひとを殺してはいけない」という規範を何らかの原理に基づいて証明するにはいわゆる「相互性の原理」に訴えるしかないと指摘しつつ、次のような議論を紹介します。

きみ自身やきみが愛する人が殺される場合を考えてみるべきだ。それが嫌なら、自分が殺す場合も同じことではないか、と。[4]

敷衍すると、《自分に当てはまることは他人にも当てはまる》などと表現できる「相互性

[2]鷲田清一「『摩擦』の意味――知性的であるということについて」（内田樹編『日本の反知性主義』、晶文社、２０１５年所収）、２８５頁

[3]例えば遠山茂樹・今井清一・藤原彰著『昭和史［新版］』（岩波新書、１９５９年）の89－90頁では、「君側の奸である元老・重臣を打倒し、国民のめざめをうながす」ということが将校たちの動機とされている（これは現在も標準的な理解だと思う）。

[4]永井均『これがニーチェだ』（講談社現代新書、１９９８年）、23頁

の原理」に基づけば、《きみ自身が殺されることが良くないことだと考えるならば他者が殺されることも良くないことだと考えるべきだ》と言える、ということ。これは明快な理屈ですが、とはいえこうした議論は——永井自身も指摘するように——相互性の原理を認めているひとにとってのみ説得力をもちます。そして、相互性の原理を受け入れるか否かについては複数の可能性があるので（例えば、自分が殺されるのは良くないことだと思うが、他人が殺されるかどうかはどうでもいい、と考えるひともいる）、「究極的な説得力をもたない」と言わざるをえません。[5]

私自身も、《暴力や殺人は不正だ》という命題は理論的に証明できない、と考えています。加えて私は、例えば農村の待遇改善を目指してツァーリのアレクサンドル2世を爆弾で暗殺したソフィア・ペトロフスカヤのことなどに目を向けたりすれば、[6]《殺人を伴うテロリズムは場合によって必要な手段でありえた》とも考えてしまう。それゆえ私は例えば哲学者・田島正樹の次の理屈にも同意します。

私の考えでは、戦争はテロよりまだしも正当化しやすく、死刑は戦争よりさらに正当化しやすい。テロよりは戦争が、戦争よりは死刑が、暴力に対するコントロールが利いているからである。極限的な場合には、テロさえも正当であるという事が自明であるとすれば（自明であると思うが）、当然のこととして自衛のための戦争が正当化されるであろうし、ましてや、より厳密に法の制御の利く死刑が正当化される場合があるのは、当然のように思われるのである。[7]

ここで田島は死刑の正当化可能性を指摘していますが、注目したいのは、死刑をめぐる問題に先立ち彼が《テロは正当化されうる》と見なしている、という点です。実際、歴史を振り返ると（例えば、無謀な戦争を継続するヒトラーをシュタウフェンベルク大佐が暗殺しようとした、[8]などの出来事に鑑みると）、テロリズムも「極限的な場合には」正当でありうると言わざるをえません。とはいえ――ここからが大事ですが――それにもかかわらず、もし今テロリズムが行なわれようとしていれば、私はほぼ確実に反対の声をあげるでしょう。そして、五・一五事件から〈対話の場〉の確保／維持の重要性という教訓を引き出すという鷲田の理路には、心底共感します。

結局どういうことか。――以上をまとめて抽象的に言えば、私は、ある種の絶対主義を避けつつ（すなわち、暴力やテロは良くない、という命題は絶対的な根拠から証明できるものでない

［5］永井『これがニーチェだ』、23頁
［6］荒畑寒村『ロシア革命運動の曙』（岩波新書、１９６０年）、76－79頁
［7］http://blog.livedoor.jp/easter1916/archives/50436712.html
［8］野田宣雄『大世界史24 独裁者の道』（文藝春秋、１９６９年）、３３３－３３５頁

と認めつつ）、それでも《暴力やテロは避けねばならない》と主張したいと考えているわけです。だがはたしてこの「どっちつかずだ」と思われかねないアイロニカルな立場は具体的にどのようなものか。いったい全体それは「生きるに値する立場」なのか。以下、こうした点を考察しつつ、「どう生きるべきか」に対する本書の答えを彫琢したいと思います。

（3）渡部昇一のアイロニー欠如

そもそもなぜ私はアイロニーという構えを、すなわち自己の立場の相対性や特殊性の自覚を、重要と見なしているのか。それを説明する方法のひとつは《こうした自覚が無いときにどのような不都合が生じるのか》を述べることです。実に――今から確認することですが――アイロニーが欠ければ生き方に無視できない「歪み」が生じうる。この点を、広い学識を具えた立派な「愛国者」[9]・渡部昇一の語りを例に確認したいと思います。

まずは人物の紹介。渡部昇一は、1930年に生まれ、上智大学で英文学などを学び、ドイツのミュンスター大学で博士号取得。その後、上智大学やアメリカのいくつかの大学で講義を行なうと同時に、政治や歴史に関する評論に携わりました。彼の表現活動について押さえておくべきことは、それがときに「愛国的価値観」からまったく距離をとれなくなる点です。例えば彼の著書『決定版日本人論――日本人だけがもつ「強み」とは何か』のいくつかの箇所は彼のアイロニー欠如を如実に示します。以下、確認しましょう。

渡部は、この本を「歴史をひもときながら、歴史の中で必然的に体現してきた日本人の『強み』とは何か？　そして『強み』の奥底に潜む日本人の『芯』を読み解くことができる本」と特徴づけつつ[10]、日本独自の「強み」を以下のように指摘します（例を三つ挙げるが、番号は便宜のため引用者がつけた）。

①たとえば、日本人は他国民より何倍も強く、「道を究めよう」という姿勢をもっている。剣道とか柔道とか武道に「道」が付いているように、日本では「商売」にも「技術」にも「道」がついて、「商売道」「技術道」となる。[11]

②そして、もう一つ、「伝統の強み」というのがある。／どの国にも、それぞれの歴史の中で国体が変化するときがあり、日本もその例外ではない。しかし、他の多くの国家が、

［9］渡部昇一が「愛国者」であることは異論がないであろうが、私が彼を「広い学識を具えた立派な」と形容するのは、彼がフランシス・フクヤマの大著『歴史の終わり』（三笠書房、1992年）を分かりやすい日本語で訳しあげているからである。ちなみにこの本は世界と歴史のあり方を「気概」や「承認（認知）を求める闘争」などの概念で分析する興味深いものである。
［10］渡部昇一『決定版 日本人論』（扶桑社新書、2016年）、7頁
［11］渡部『決定版 日本人論』、49頁

国体が変化するたびに、そこですべてが断ち切られるのに比べて、日本は連続性を失っていない。その中心にあるのが皇室だ。[12]

③やがて、武士が天下を左右するようになったが、彼らは、天下を治めることを望んでも、天皇になろうとはしなかった。／それは、戦国時代に天下を争った武将たちも同じだった。自らを神と称したといわれている織田信長（一五三四〜八二）でさえ、天皇になろうとはしなかったのである。／それは、おそらく神話時代に、天孫降臨の詔勅といわれるものにすでに示されている豊かな四季に恵まれた日本と神話時代から続いている皇室を持つ国民ならではの知恵であろう。自然や人や他国と対立せず、拒否せず、排除もせず、それを受け入れて自分の中になじむように収めてしまう知恵が養われた。／すべてを受容するというこの知恵は、日本人の体質になっている。すなわち、それが日本人の「強み」なのである。[13]

なるほど、と思わせるところもあります。とはいえ、日本「独自」の強みをこのような仕方で列挙されると、逆にうさん臭く感じられてくる。そして《論じ方がまずいのではないか》という気がしてきます。

私は《渡部の書き方は無視できない拙さを含む》と考えていますが、思うに――先に示唆しましたが――その拙さの原因は、書き方がいわば「愛国べったり」になっており、そこからまったく距離をとれていないというところです。こうした「没頭ぶり」の結果、彼の文章は、日本の独自性や強みを適切な仕方で見出したいと考えるひとすらも、複雑な気分にさせてしまいます。要点を繰り返せば次のようになるでしょう。すなわち、渡部の語り方の問題点は、アイロニーの構えを欠くことによって、愛国主義的な視点から距離をとることがまったくできていないところだ、と。

同じ論点をさらに敷衍しましょう。実に渡部のアイロニー欠如は彼の議論をさらに悪い方向へ導いていきます。彼は例えば、女系天皇を認める議案に反対する文脈で、以下のように書く。

私たちは、ハーフの人に、「外国人の血が半分混じっているんだね」などと言うが、血液など、日本人も外国人もみな同じ血が流れているのだ。／問題にするに当たらないわけであって、問題は、どんな遺伝子を持っているかにあるのである。／女系天皇を認めようとの案が通っていれば、当然、四、五十年先には、女性の天皇が誕生することになった。

［12］渡部『決定版 日本人論』、50－51頁
［13］渡部『決定版 日本人論』51－52頁

そのとき、愛子様の配偶者（皇配）が神武天皇以来のY遺伝子を持った人でなければ、神武天皇の遺伝子は、直系の皇位継承者から消え去ることになるのである。[14]

渡部は、Y染色体上の似た並びの遺伝子が男系で伝わっていくという生物学的知見に依拠して、《天皇は男系でなければならない》と主張しています。たしかに女系天皇を認めるか否かは重大な政治的問題ですが、それは措くとして次の点は指摘可能だと思います。すなわち、渡部はここで彼自身が「愛国的」と考えるものに縛られて（すなわちそこから距離をとれず）一種の強弁に陥っている、と。実際、天皇が男系であることの意義と遺伝子との間に重要な関連性など無いでしょう。渡部の語りの姿勢は〈男系天皇の伝統の正統性を示唆する話であれば何であれ利用する〉と記述できるかもしれません。こうした姿勢は、彼の語り方に、そして彼の生き方に、無視できない歪みを与えていると言えます。

いったんまとめましょう。ここまで見てきたように、《天皇は男系しかありえない》という見方に絶対的に固執すると、男系の必要性を主張するために遺伝子のことまで持ち出す「はめ」になります。同様に――バランスをとるために左派で生じうる歪みを指摘しますが――例えば《死刑は廃止されるべきだ》という見方を絶対化しようとすると、有名な「光市裁判」の弁護団のように、死刑を避けるための戦略として〈弁論を欠席する〉などの強引なやり方まで採ってしまう。[15] このようにアイロニーの欠如は生き方に歪みを与え、ある種の

「偏執さ」を引き起こすことがあるのです。

（４）アイロニーの意義

念のため注意すると、私は女系天皇反対論や死刑廃止論それ自体を批判しているわけではありません。アイロニストも例えば死刑廃止論者（や男系天皇制度維持派）たりえます。とはいえ、光市裁判の弁護団と対照的に、アイロニカルな死刑廃止論者は《死刑は避けられるべきだ》という命題を絶対視しません。むしろそうしたひとは、廃止論の理念と現実的状況の諸条件とを突き合わせて、理想と現実がなるだけ一致するようできるだけうまく事態を進展させようとするでしょう。そして、場合によっては、個別の死刑執行に関して「仕方ないことだ」と認めることすらあるでしょう。

アメリカの哲学者であるリチャード・ローティは、人間が具（そな）えうるこうした〈柔軟さ〉を

[14] 渡部『決定版 日本人論』、58頁

[15] ちなみに《なぜ弁論を欠席したのか》に関する安田好弘弁護士の説明は例えば『光市裁判 なぜテレビは死刑を求めるのか―年報・死刑廃止〈06〉』（インパクト出版会、２００６年）の「光市最高裁判決と弁護士バッシング報道」という論考内で与えられていますが、その趣旨は《被告人の権利を保障するくらいに十分な弁論準備期間を最高裁が不当にも与えなかったから》というもの。たしかに最高裁の方針に不当性はあったかもしれないが、これが弁論欠席の十分な理由になるかどうかは定かではない。

「新たな実践的アイデンティティを状況に合わせて素早く用意する」という句で記述しつつ、次のような例を挙げました。

［…］胎児を殺すくらいなら死んだほうがましだと考えるカトリックの医師は、もしそれが絶望したレイプの犠牲者のたった一つの希望であるとわかったなら、新たな実践的アイデンティティを自分のために急いで作り上げることになるであろう。[16]

実に、人工妊娠中絶を悪いことだと見なす医師も事情によってはそれを是とすることがありうる。そしてそうした場合には、《自分は中絶に反対する人間だ》というアイデンティティをいったん留保したり部分的に改訂したりして「新たな実践的アイデンティティ」が作り上げられる、という過程が生じていると言えるでしょう。

ここで必ずや押さえるべきは、この医師が従来の自分の信念に従って中絶手術を行なうことを拒否することも、可能な生き方のひとつだった、という点です。すなわち、こうした頑固な生き方が何らかの規準によって絶対的に不正とされることはない、ということ。とはいえ――本節の積極的主張ですが――たとえ可能であるとはいえ、そのような一切の妥協の無い生き方は相当に「凝り固まった」ものであり、かえって「歪んで」いると言えるのではないでしょうか。前節の終盤で触れましたが、「実践的アイデンティティ」を再編成できるという態勢は、生きるうえできわめて重要なものです。いや、少なくとも私はそう主張したいということです。

さて、以上のように説明された〈アイロニーを伴った生き方〉に関して生じうる根本的な問いのひとつは次でしょう。すなわち、それは結局〈場当たり的な生き方〉に過ぎないのではないか、と。これは自然な問いです（なぜならアイロニストは首尾一貫しない人物に見えうるので）。とはいえ、よくよく考えれば、必ずしもそうでないことが判明します。例えばアイロニカルな人工妊娠中絶反対論者の医師は、たとえときに中絶手術を是とするとしても、長期的には〈中絶手術の実施件数を減らす〉などの目標に導かれて行動しています（さもなければ人工妊娠中絶反対論者たりえません）。押さえるべきは、ときに柔軟に対処することは必ずしも人生を「場当たり的に」することはない、という事実です。

本節の初めの方で、私は、テロリズムが場合によっては正当化されうる（例えばシュタウフェンベルクのヒトラー暗殺計画に鑑みると、テロはつねに不正だとは言えない）と認めながらも《テロは避けるべきだ》と主張したい、と述べましたが、その本意はたったいま指摘した点と同様です。すなわち、《テロは不正だ》という見方を絶対視するとヒトラー暗殺計画さえも不正と見なすという「歪み」に陥りうるので、こうした陥穽（かんせい）を避けながらテロリズムに

［16］ローティ『文化政治としての哲学』（冨田恭彦他訳、岩波書店、２０１１年）、２４５頁

反対したいと私は望んでいる、ということ。要するに、アイロニカルな仕方で〈対話の場〉を確保あるいは維持することに努めるのが大事だと私は考えています。左派的なひとであろうが右派的なひとであろうが、「狂信」から完全に自由なひとはいません。アイロニーの重要性を強調することの理由はここにあります。

(5) アイロニーと人生の意味

それでは——意味をめぐる話題へ戻りますが——以上で説明したような姿勢が、人生をより意味のあるものにすると言いうるでしょうか。

私たちは第4節から〈有意味な生〉を模索してきました。そして私は本節で《自分は、絶対的な反テロ論者ではなく、アイロニカルな反テロ論者でありたい》と述べてきました。では後者の生き方は、前者の生き方よりも、(少なくとも私にとって)有意味なものだと言えるのでしょうか。はたして私は、本節で説明してきた「特殊な」態度が自分の生に核心的な意義を与える、と言いうるでしょうか。

必ずしもそうは言えない、というのが答えです。実に、人間が為しうる生き方の提案はどれも不可避的な個別性や特殊性をまとっているため、加えてひとは世界と人生に関する絶対的な見通しを有していないため、私たちは人生の複数のタイプを比較して《かくかくの人生はしかじかの人生よりも有意味だ》と正当に言いうる地点に立つことができません。

――どういうことか。例えば、虐げられたひとびとの自由の拡大のためにソフィア・ペトロフスカヤら「人民の意志」党メンバーがアレクサンドル2世を暗殺した事件はすでに触れましたが、社会運動家の荒畑寒村はこれにまつわる歴史の皮肉を次のように指摘します。

今では既定の事実であるが、その日［すなわち事件の日］の午後、アレクサンドル2世はミハイル・ロリス・メリコフ伯の起草にかかる、極めて制限された政体の自由主義的改革案に署名しようとしていた。[17]

単純化して言えば、人民の自由の拡大の方向へわずかながらでも舵を切ろうとしていた皇帝を殺してしまった、ということ。ソフィアたちは自らのやっていることの意義を確信しながら行動していたかもしれません。とはいえ彼女たちの行為は、彼女たちが「有意味」と見なすだろう方向へは、事態を進展させなかったかもしれないのです。そして彼女たちはそもそも自分のやっていることの意味を摑めていなかったかもしれないのです。

こうした点を考慮すると私は次のように言わざるをえない。すなわち、本節では〈対話の場〉の確保や維持の重要性およびアイロニカルな仕方でこれを重視することの重要性を語っ

[17] 荒畑『ロシア革命運動の曙』、79頁

てきたが、こうした語りはまったく的外れであることが判明するかもしれない、と。だが、さらに言えば、たとえそう判明したとしても、そうした「判明」も完全にはあてにはなりません。例えば五・一五事件の青年将校たちはたいへん正しく行為したと言われる日が来るかもしれません。だが、たとえそんな日が来たとしても、《対話の場の確保は重要であり、青年将校たちは道を踏み外した》と主張する余地は残るのです。[18]

前節でも強調しましたが、生きることは特定の価値観へそのつどコミットすることでもあります。とはいえ、何らかの価値に身を捧げることがそのひとの生の有意味さを保証する、ということは期待できないのです。だがこれは、自分が有意味だと考えることの実践をすべて放棄すべきだ、ということも意味しません。というのも、人生はすでに進行しており、私たちが〈確実に有意味な道〉を発見するまで待っていてくれたりはしないからです。だから私はテロを扇動する言説には「急いで」反対を表明するのであり、ときに《自分は性急なのではないか》と不安になることがあったとしても、暴力の批判一般を放棄しようとは思わない（そして思えない）のです。

「どう生きるべきか」や「有意味な生き方とはどのようなものか」という問いに対しては、問いの形式に引きずられて、ついつい「……と生きるべきだ」や「……が有意味な生き方だ」と答えたくなります。そしてこのような形の答えこそが、人生の意味の哲学に多くのひとが期待するものなのかもしれません。現に——次節で考察するように——これまで多くの哲学者が特定のタイプの生き方を取り上げ、それを「有意味なもの」と見なしてきました。これに対して本書では、この方向へ進まないことが重要だ、と主張したい。すなわち、「有意味な生き方とはどのようなものか」に関しては、具体的な答えが与えられない状態に耐えることが重要だ、と言いたいわけです。

さて、ひょっとすると、一読していま述べた理屈のうちにある種の「矛盾」を発見したひとがいるかもしれません。[19] それは実際にそうなのです。とはいえ私はそうした「矛盾した」理屈がいわば「哲学的な語りのリミット」のひとつだと考えています。こうした点も含めて、次節において人生の意味とアイロニーの関係の理解を深めていきましょう。

---

[18] ここで用いた表現はリチャード・ローティの論考「誠実な誤り」（『文化政治としての哲学』所収）へのオマージュであり、その87－88頁では「たとえナチスが勝利して、すべての歴史書をナチスが書くことができたとしても、シュタウフェンベルクは正しいことをしたと、われわれは相変わらず言うことができる」などと述べられている。

[19] すなわち、本節の議論は、「……が有意味な生き方だ」と主張しないことが大事だと主張することによって、《そう主張しない生き方が有意味だ》を主張しているのではないか、ということ。この「矛盾」については次節で論じられる。

第9節　「有意味な生とは何か」への応答

(1) 語りえぬものを大切にする姿勢

前節では、私が《アイロニーという姿勢は人生においてとても重要だ》と考えている(なぜなら、アイロニーが欠ければ、特定の価値観へ「べったり」になって生き方が歪みうると思われるから)、そしてそれにもかかわらず私が《たとえアイロニカルに生きたとしても生の有意味さが保証されるわけではない》と考えている、ということを述べました。では――改めて問うと――はたして有意味な生とはどのようなものか。

現代の哲学者はこの問いへいろいろな答えを与えていますが、(前節終盤で触れたとおり)本書の積極的な主張は次です。すなわち、「有意味な生とはどのようなものか」という問いへ「それは……だ」と具体的に答えることはつねに誤りを含む、と。とはいえ「人生の意味とは何か」などの問いは、決して無意味な問いでもなければ、どうでもいい問いでもありません。この問いを私が重要だと考えていることは、私がここまで数節にわたって人生の意味が何であるかを論じてきたという事実によって「示さ」れているでしょう。本書は、人生の意味について、それはきわめて重要なものだが、同時にいわば「語りえぬもの」だ、と主張することを目指します。

本節は――学術的に避けられない作業として――従来の「人生の意味」論のいくつかを取り上げ、その各々の批判的検討に取り組みます。具体的には、サディアス・メッツ、伊勢田哲治、戸田山和久の議論を取り上げ、それらが共通の問題点を含むことを確認します。それは、簡潔に言えば、「語りえぬものを大切にする姿勢の欠如」と表現できるでしょう。

（２）直接語らないこと

人生の意味とは、その〈語りえなさ〉を大切にしながら、一歩ずつ理解を深めていくべきものだ、と私は言いたいのですが、私の言っていることを摑むには実例を見ることから始めるのがよいでしょう。例えば鷲田清一は、生きることの意味に触れる文脈で、次のように書きます。

右肩上がりの時代は二度と来ない、そういう状況で仕事に就く、あるいは希望の仕事に就く機会を与えられない、現代の若者たちの状況をめぐって深く憂えている経済学者の玄田有史さんから、先日、面白い話を聴いた。

プロ野球の選手をめざしていたある高校生が、独立リーグでプロ野球選手としての経験をしたあと、芝植えの職人に転身したという。そのきっかけは、独立リーグでくすぶっているときに知人が問いかけた一言にあったという。——「どうして野球選手に憧れたの?」その問いかけに、中学生の頃、野球にのめり込みはじめたときのあの球場の芝生の感触が突然こみ上げてきた。それでその感触を、野球にのめり込む後輩たちの心に、あるいは身体に、きちっと刻みつけてあげたいと、芝生職人になる道を選んだのだという。いってみれば「希望の修正」である。希望を編みなおしたのである。[1]

華々しいセ・リーグやパ・リーグの世界でプレイすることを望みながらも、独立リーグで鬱々と耐えながら野球を続けているひとがいます。そうしたひとは、このまま続けるべきか、止めてどうなるのか、いや、むしろ続けてどうなるのか、などと繰り返し悩むことでしょう。引用の選手は、「どうして野球選手に憧れたの?」という問いをきっかけに、《自分が野球のどこを好きだったのか》を再考しました。そして、自分が芝生の感触を愛していたと気づき、〈この感触を後輩たちに伝えたい〉という希望を、すなわちこれから生きていくことのできる希望を、新たに編み上げる。鷲田はこうした事態を「希望の編みなおし」と呼んでいます。

鷲田は話を以下のように続けますが、その言葉は、大学での非常勤をかけもちするという仕方で「哲学」という営みにしがみついている私の心に響きます。

そんな話をしてくれたあと、玄田さんはつづいてこう切りだした。「独立リーグというのは、プロ野球をめざして研鑽してきたけれど、結局うまくゆかず、しかしそれでもプロ選手になる夢を棄てきれないひとたちに、うまくケリをつけさせてあげる、そんな装置なんです」。

「ケリをつけさせてあげる」というのは、なんともうまい表現である。ひとつのことが終わらないと、次のステップに足をかけられないからだ。あるひととの関係にいったんケリをつけないと、次の別のひととの関係に入ってゆけないように。失恋、離婚、家族崩壊あるいは再生、失職と転職……。人生は節目をつけることなしには前に進めない。

希望のない人生というのはたぶんありえない。そして希望には、遂げるか、潰えるかの、二者択一しかないのではない。希望には、編みなおすという途(みち)もある。というか、たえずじぶんの希望を編みなおし、気を取りなおして、別の途をさぐってゆくのが人生というものなのだろう。[2]

［1］鷲田清一『だれのための仕事』（講談社学術文庫、2011年）、188頁
［2］鷲田『だれのための仕事』、188－189頁

《……がしたい》や《……になりたい》と心の底から希望しても必ずしも実現するわけではない、というのが人生です。とはいえ、希望が叶えられないからといって、人生が台無しになるわけではないし、それまで希望に導かれて行なってきたことがすべて無意味になるわけでもない。おそらく、希望を実現することが人生だと考えるよりも、むしろ挫折を繰り返しながらも希望を修正しながら「途をさぐる」のが人生だと考える方がいいでしょう。人生を「賭ける」ような仕方で取り組んできたことが果されなかったとしても、すべてがただちに無意味になるわけではないのだ――鷲田の文章はこのような仕方でまとめることができると思われます。

是非とも押さえられたい点は、鷲田の文章は「人生の意味」なるものを直接語らないことによってかえってこの事柄に関する理解を深めてくれる、というところ。この点を摑むには、《人生の意味をあからさまに語ろうとすることはかえって要点を外すことになる》という事実を確認する必要があるでしょう。以下、三人の哲学者の議論を取り上げて、この点を見てみたいと思います。

(3) メッツ批判

はじめに一般的なことを述べましょう。ひとの書いたものの内容や書きぶりを批判することとは不可避的にそのひと自身を非難することを含みます。それゆえ、以下ではメッツと伊勢田と戸田山の各々の文章を批判するのですが、そうすることによって私はそれぞれのひと自身について「あなたはそういうものを書くべきでなかった」と責めることになるでしょう。加えて私は彼らと自分の間の対立を〈根本的な価値観の対立〉と見なしているので、私は、彼らは「回心」しない限り私が何を言っているかを理解しないだろう、とも考えています。要するに、私の言いたいことを彼らに分かってもらうということを単純に目指してはいない、ということです。それでも価値観の対立を鮮明にすることはいろいろと意味のあることだと思います。

南アフリカ共和国を拠点とする哲学者のサディアス・メッツは分析哲学系の「人生の意味」論に精力的に取り組んでいますが、彼は人生の意味について「理論（theory）」がまともな仕方で語られうると考えている。

彼は――哲学業界では周知になりつつある分類ですが――《人生の意味とは何か》を説明する理論として、神や魂などを持ち出す「超自然主義」とそうしたものに頼らない「自然主義」とを区別する。そして、後者の自然主義のうちには、《意味はひとの態度や心情の関数だ》とする「主観主義」と《主観を超えた客観的な何かが意味の条件に含まれる》とする「客観主義」の二種類があるとします[3]。

さて、メッツによれば、超自然主義や主観主義や客観主義はそれぞれ「理論」であるので、それらの間ではいわば「理論的優越」がまともな仕方で語られうる。彼は、例えば超自然主義の欠点を示す議論として、次のような論証を提示します。

物理的宇宙［…］だけが存在する、という状況を想像せよ。そのうえで、いくつかの人生について、それが全体的に言って有意味かどうかを問うてみよう。例えば［…］アインシュタイン、ダーウィン、ドストエフスキー、ピカソ、マンデラ、マザー・テレサなどの生を考えてみよう。この場合、多くのひとは、完全なものや超自然的なものが何ら存在しなかったとしても、こうしたひとびとの生は有意味だと思われる、と答えるだろう。[4]

この文章は、非物質的な魂や神などの「超自然的な」ものが存在しなかったとしても、アインシュタインやマンデラの生は有意味なのであるから、《生の意味には神などとの関わりが必要だ》とする超自然主義は間違いだ、と主張する議論を表現しています。そしてメッツ自身はこの議論を受け入れており、こうした理屈が他の諸々の理屈とあわさって超自然主義を「棄却（reject）」しうると考えています。[5]

それではメッツ自身はどのような理論を「正しい」とするのか。彼は、いろいろと書き連ねたうえで、次のテーゼで特徴づけられる客観説のひとつのヴァージョンを是とします。

人間存在の根本条件のために理性を積極的に用いれば用いるほど、そのひとの生は有意味になる。[6]

ここでの「人間存在の根本条件」とは〈人間が人間として生きる際に必要となる価値〉に関わるものです。少し具体的に言えば、いわゆる真・善・美への理性的な貢献が目下の条件を充たすための本質的要因とされます。さらに具体的には、アインシュタインは〈真〉へ、マンデラやマザー・テレサは〈善〉へ、ピカソやドストエフスキーは〈美〉へ「理性的な」貢献をしたからこそ、（一般人と比してきわめて）有意味な生を歩んだと言える、とメッツは考えているわけです。そしてこの哲学者はこうした考えを「根本性説（the fundamentality theory）」と呼びます。

以上のようにメッツは《真・善・美への理性的な貢献こそが人生を有意味にする》と主張するのですが、私はまず、自分はこうした主張に違和感をおぼえる、という点を強調したい。

［3］こうした分類をメッツはいろいろなところで行なっているが、例えばThaddeus Metz, *Meaning in Life*, 2013, Oxford: Oxford University Pressでもこの分類が採用される。
［4］Metz, *Meaning in Life*: 144.
［5］ここでの“reject”というのはメッツ自身の表現であり彼の本の第８章の題名は“Rejecting Supernaturalism”である。
［6］Metz, *Meaning in Life*: 222.

なぜなら生の有意味さは、よくよく反省すれば、決して真・善・美への貢献に尽きないだろうと感じられるからです。加えてこれは重要な違和感だとも言いたい。実に、この違和感を共有しないメッツのような人物は、少なくとも私にとっては、〈人生の意味を十分な深みにおいて論じるために必要な感性を欠く者〉に見えざるをえません。——いま触れた「違和感」の内容をもう少し詳しく説明すれば以下のようになります。

たしかにメッツの議論の他の箇所をとりあげてそれを好意的に解釈することも（やろうと思えば）可能なのですが、[7] ついさっき引用した「人間存在の根本条件のために理性を積極的に用いれば用いるほど、そのひとの生は有意味になる」という彼の言葉はいわば〈語り過ぎ〉の箇所だと感じられます。人生の意味というのは、こんなに単純に語れるものではないでしょう（もちろん「平凡な私たちの多くの生はあまり有意味でない」という命題で気が済むひとはメッツの単純さに我慢できるでしょうが、私はそうではありません）。むしろ人生の意味は、語ろうとすれば、「逃げる」。言い換えれば、根本性説などでは語り尽せないことが人生の意味にはある、ということ。メッツはこのことを認めるべきだった——私はこのように感じるのです。

直感的に摑んでほしいことは、「有意味な生とはどのようなものか」を直接的に語ろうとしたメッツの言葉よりも、そういう語り方をしない鷲田の言葉の方が、人生の意味の「深み」に触れている、という点です。人生の意味を必ずしも主題としていないとも解釈できる文章よりもメッツの文章の方が要点を外しているように思われるというのは皮肉なことですが、私は「人生の意味」を語る際に気にすべきことがここに現われていると言いたい。同じことが「幸福」についても言えます。例えば——次節で見ることですが——森村進の著書も、幸福を直接的に語ろうとすることによって、かえって的外れな方向へ進んでいる。「人生の意味」という事柄に関して第一に押さえねばならないことは、この話題に関してメッツのやっているような特定の理論の提示を行なうことは道を踏み外すことに繋がる、という点でしょう。なぜなら、「正しい理論」を提示しようとするとき、〈その理論が排除するものを尊重する〉という繊細な感性はゆゆしく鈍麻してしまうからです。

実に——すでに確認したように——「国家」・「歴史」・「自己実現」・「今を楽しむこと」など、何を言ったとしても人生の意味は摑みきれません。これは「真・善・美への理性的貢献」と言ったところで同じです。この点に鑑みると、メッツは「何が生を有意味にするか」という問いに対して根本性説という理論で答えるという拙速な企(くわだ)ては行なうべきではなかった、と言わざるをえない。むしろ、《この問いは単純明快な答えを許さない》という状況に耐えるべきだった、と思われます。

---

［7］私はメッツの著書の好意的解釈の試みをSho Yamaguchi, "Agreement and Sympathy: On Metz's *Meaning in Life*," *Journal of Philosophy of Life*, 5, no.3, 2015: 66-89で行なったことがある。

(4) 伊勢田批判

哲学者の伊勢田哲治は、大学のゼミに出席する際などにあらかじめ心得ておけば役立ちうる〈ものの考え方〉を紹介する入門的著作[8]において、「人生の意味」という話題に触れます。とはいえ彼はこのテーマを適切な仕方で取り上げ損ねている（あるいは「人生の意味」というものは彼の言いたいことを説明するのにふさわしい事例でなかったということかもしれません）。伊勢田もまた、メッツと同様に、人生の意味を拙い仕方で取り扱っている——と私は考えます。

批判するために他者の文章を引くことには相当の虚しさが伴うのですが（なぜなら、そうした場合には、非難の作業が前面に出て理解という重要な営みが後景に退くので）、いずれにせよ、「人生の意味とは何か」という問いについての伊勢田の理解が如実に表れている箇所を引用したいと思います。以下は、この問いをめぐる長い議論の終結部の文章です。

［…］わたし自身が生きる意味について考察するとするなら、「なんらかの価値ある仕方で自分を超えること」という［…］定義が一番しっくりくるように思う（他の定義でこの問題について考える人とは、別の問題を考えているということになる）。

もちろん、「価値ある仕方」とはどういうものかをもっとはっきり言わなくては定義にはならない。一つの考え方として、個人的な目的の達成でも「自分を超えた」とみなすこともできるだろうが、それで満足する人はそもそも「生きる意味とは何か」とは問わないだろう。そういう人にとっては、「生きる意味」という言葉の意味の問題として、そうした個人的な捉え方は排除されることになるだろう。

　これに対して、何か超自然的なものとのつながりで自分を超えるのは、「生きる意味」という言葉の意味のレベルでは確かに「有意義な人生」となりそうだが、超自然的なものの存在を経験的に確かめることができない以上、現実にそうしたつながりのおかげで有意味になっている人生を発見するのは難しいのではないだろうか。

　となると、おそらく、なんらかの社会的貢献や社会的つながりに生きる意味を求めるような立場が有望な仮説として残ると思われる。後の世代に自分がやったことの痕跡を残すこと、誰かの役に立つことなどが、この意味での「有意義な人生」を作る要因となるだろう。これでもまだ生きる意味の分析としては不十分だが、ここではこのくらいにしておこう[9]。

この文章は、「人生の意味」はいろいろな仕方で定義が可能だが、ある定義のもとでは

［8］第4節で触れた『哲学思考トレーニング』のこと。
［9］伊勢田『哲学思考トレーニング』、197-198頁

《社会とのつながりや社会に貢献することが人生に意味を与える》という見方がもっともらしいものになるだろう、と言っているように読めます。私は伊勢田に「こんな文章で何か有意味なことを述べたつもりなのか」と問いたい。なぜなら、《ある観点からはある見方がもっともらしくなる》というのは当たり前のことであり、引用の文章は全体として「空虚」すなわちほとんど何も言っていないものだと感じられるからです。

伊勢田のやっていることに対してはいくつか言うべきことがあります。

第一に、「人生の意味」をめぐる彼の叙述は――先にも触れたように――真に役立つ〈ものの考え方〉をレクチャーする本の一部であるのだから、引用のようないわば〈ひとを賢くしない文章〉を書くべきではありませんでした。ひょっとすると伊勢田は引用のような文章を〈人生の意味について適切に思考すること〉の一例と見なしているのかもしれませんが、仮にそうであるならばそれは当該話題に関する理解の浅さの表れだと言わざるをえない。実際、例えば本書で紹介したネーゲルや鷲田清一は人生の意味についてもっと実りのあることを語っているではないですか。伊勢田は《そもそもちゃんとした「人生の意味」論はどのようなものか》を反省すべきだったと思います。

第二に、おそらく――第4節でも触れましたが――伊勢田は人生の意味をめぐる問題に対していわば「のっぴきならぬ」関心を有していない。そのため彼は「AとBという立場が存在するが、前提を掘り下げれば、これらはCという見方を共有していて……」などの形式のさまざまな議論の一例（あくまでたんなる一例！）として〈人生の意味〉をめぐる語りを取り上げるのですが、ここには無視できない問題があります。なぜなら、そうする際に、彼は「人生の意味」というものに特徴的な深みを無視するからです。

私たちが押さえねばならないのは、「A」や「B」や「C」などのテーゼで人生の意味を摑もうとしても、必ずや摑みきれない「外部」が残る、という点でしょう。例えば引用において伊勢田が「おそらく、なんらかの社会的貢献や社会的つながりに生きる意味を求めるような立場が有望な仮説として残る」と述べるとき、押し殺すことのできない〈語り尽くされなさ〉が顔を出します。実際、社会的貢献や社会的つながりなどとはまったく積極的な関わりをもたない人生についても、場合によっては「それは無意味な生だ」と述べることを避けたくはならないでしょうか。伊勢田は、ある種の矛盾を恐れずに、自らの言葉が排除するものに「言及」すべきだった。結局のところ、彼もまた人生の意味の〈語りえなさ〉を大切にしていない、ということです。

（５）戸田山批判

念のため注意すれば、以上の議論は「真・善・美への理性的貢献は人生の意味と関係しない」や「社会貢献を人生の意味と見なすのは間違いだ」などと述べるものではありません。むしろ、何かを人生の意味と捉えるときに必ず「外部」が残る、という距離感を保つことが大事だ、と言いたいわけです。そして、こうした距離感をもつにはアイロニーという姿勢が肝要だ、と本書はネーゲルに倣って指摘したのですが、戸田山の文章もまたこれと同じ路線で進んでいるように見えるかもしれません。すなわち彼曰く、

自分の人生に対する真剣さ、懸命さを一歩引いて眺め、「実は下らないことをやってるな。何やってんだオレ」とクスッと笑い、また自分の人生に復帰して、真剣に生きていく。ネーゲルは、そのときのわれわれの真剣さには「アイロニカルな風味が加わっている」と言う。何と！　オトナじゃありませんか。[10]

戸田山は「アイロニー」という表現に〈自分が絶対的に重要と見なしていることの相対性の自覚〉などの形式的内容を与えておらず、ただ「一歩引いて眺め［…］クスッと笑い」などのメタファーだけでそれを説明しているので——第7節で指摘したことだが——《彼がどのくらいの深さでアイロニーを理解しているのか》は疑われえます。ただしここではこの点は措くことにして、以下では、「アイロニーが大事だ」と明示的に主張する戸田山が最終的に道を踏み外してしまう、という事態を確認しましょう。

注目すべきは、戸田山が「人生の意味は……だ」と直接語ろうとする、というところです。第7節で引用した部分と重なりますが、該当箇所をすべて引くと次。

人生の超越的な無意味さは、われわれの生から消すことはできない。ならば、それをわれわれの人生の構成要素としてアイロニーをもって受け入れていこう、というわけだ。アイロニカルなニヤニヤ笑いを浮かべながら人生に戻ってきたら、そこでジタバタしている限りにおいて、われわれは自分の人生を生きるに値するものとみなしていることを態度で示している。さらには、環境に決定されているかもしれないし、わずかな自己コントロール能力の結果としてなのかもしれないが、ともかく決定を積み重ねて自己をつくっていく過程の中で、われわれはより生きるに値する自分と人生をつくることもできる。人生の意味はこれで十分だろう。これが「望むに値する人生の意味」である。[11]

アイロニーの大事さを主張した戸田山がここではこの考えを「裏切って」いるのではないか、と少なくとも私には感じられます。なぜなら引用において彼は、「ニヤニヤ笑いを浮かべながら人生に戻ってき」て「ジタバタ」しながら「決定を積み重ねて自己をつくっていく」ことを有意味な人生のあり方と捉えながらも、ここにいわばアイロニカルな留保を付け

[10] 戸田山『哲学入門』、411頁
[11] 戸田山『哲学入門』、411-412頁

加えないからです。彼はむしろ「これが『望むに値する人生の意味』である」と断言している。たしかに《人生の意味としてはこれしか望むことができない》とどうしても考えてしまうような境地はあるでしょうが、こうした場合にさえもそこから距離をとろうとする運動が「アイロニー」と呼ばれたのでした。したがっていわば「気の緩んだ」断定はアイロニズムを台無しにするおそれがあるのです。

以上の点は、戸田山の「人生の意味」論の末尾を引くことによっても説明できます。曰く、

少なくとも、何か自分の外にあるより大きな価値に同化しなければ、時間・空間を超えた偉大な影響力を発揮しなければ、自分の人生を不動の動者としてコントロールしなければ、人生に意味が与えられないと考えるよりは、こうしたデフレ的な人生の意味で満足する方がずっとよい。何より、人に迷惑がかからない。[12]

ここでは、「人に迷惑がかからない」ということが、戸田山の提案する先述の「人生の意味」の捉え方の特筆すべき根拠だ、と言われているように読めますが、これに対して私は「あなたはそのような低水準で人生の意味を考察しているのか」と問いただしたい。おそらく最後の一文は筆が滑ったに過ぎないのだろうけど、そこでの〈気の緩み〉は否定できません。その結果、戸田山は、人生の意味の語りえなさを大切にするどころか、「ひとに迷惑を

かけないことが大事だ」という世間的おしゃべりへ転落している。《常識的な意見であれば触れておいて間違いはない》というテーゼは少なくとも哲学においては成立しません。むしろ、軽口や戯言(ざれごと)が、時間をかけて磨き上げてきたものに傷をつける、ということがありうるのです。

まとめましょう。

本節で私が行なっていることにはある種の矛盾が含まれる、という点は認めねばなりません。なぜなら私は、一方で「有意味な生は……だ」と語ることはできないと言いながら、このように言うことによって《そのように語らないことこそが重要であり有意味だ》と主張しているからです。

思うに、本節で紹介したメッツと伊勢田と戸田山は一般に〈矛盾〉よりも〈整合性〉を重視し、人生の意味に関しても整合的な言説および態度を彫琢しようとしています。だが私は、生の有意味性に関してはそうした〈整合性〉の追求はかえって道を誤らせるものだ、と考えています。実際――本節で見てきたように――人生の意味は、直接語ろうとすればかえって語り損なってしまうものであり、むしろ語らないことによって語られるもの（あるいは示されうるもの）でしょう。私は、メッツや伊勢田や戸田山の本書で引用したような文章を読む

［12］戸田山『哲学入門』、412頁

と、かえって人生の意味の適切な理解から遠ざかってしまうように感じるのです。

一般的な点についてひとこと述べさせてください。メッツや伊勢田や戸田山の哲学実践に欠けているものは、言ってみれば、「弁証法」の精神です。彼らは哲学を単純に「学問」と考えている、と私には感じられます。これに対して私は哲学が「学問」でありながら「学問」でないと考えている。なぜなら哲学とは、その重要な意味において、〈生という普遍的な場と学という特殊的態度が交錯するところで成立するもの〉だと言えるからです。この点を摑むならば、特殊の学問的理論を提示することでもって「哲学をしている」と見なすことはできず、むしろ哲学においては《自分の理論構築、自分の語り、自分の行為、そして自分の生き方が、全体としてどうなっているのか》を「配慮」あるいは「世話」せねばならないと気づかれるでしょう。何をどう語るかも重要なのですが、何をどう語るかにとどまらず《全体的にどう生きるか》こそが問題だ、ということです。[13]

何度も指摘するように、人生の意味は私たちの語りの内に「落ちて」こないところがある。この意味で、生の意味は「超越的」だと言える。また——次節以降で見るように——幸福もまた同じ意味で「超越的」です。次節では、幸福の〈語りえなさ〉を大切にしない森村進の議論を批判的に検討しましょう。そして、続く諸節において、人生の意味と幸福を「超越」の相のもとで探究することを行ないたいと思います。

[13] 念のため注記すれば、以上の指摘は、〈学術書としての哲学書を著す〉ということが哲学的営みとして不適格だ、ということではなく、むしろ学術書や論文を著したりすることもまた——哲学においては——《どう生きるか》との関連において重要になる、ということを意味する。私自身も論文を書くのであり、本書もまた「学術書的な」側面をもつ。

第4章

幸福の可能性と現実性

第10節　幸福と語りえぬもの

(1) 森村への「複層的」批判

法哲学者の森村進は「幸福とは何か」を論じる本[1]を公にしたのですが、本節はこの著書を批判します。なぜ敢えてこれを取り上げ批判するかと言うと、それは《幸福は、あるいは少なくともある重要なタイプの幸福は、森村の探すようなところには存在しない》という点を確認するためです。言い換えれば、幸福の「超越性」を摑み損ねている、ということです。

本節には森村個人を批判する表現が出てくることになります。おそらくこの点について奇異に感じる読者もいるかもしれませんので、なぜそうなるかの説明も必要でしょう。実に――前節でも示唆しましたし、後でも触れますが――哲学の言葉はそれを発する当人と完全には切り離すことができない。それゆえ、森村の行なう言説への批判は（単なる「学説」への批判だけでなく）彼自身への責めの側面をもたざるをえません。もちろん人物への非難のすべて（ともすれば「人格攻撃」と呼ばれうるものまでも）が正当な批評になるわけではありませんが、哲学における立場の批判の際にはある種の〈ひと自身の批判〉が行なわれざるをえない、ということなのです。

本論に進むに先立ち、形式的な注意をいくつか。

以下における森村への私の非難はいわば「複層的な」ものにならざるをえません。というのも——後で説明するように——そもそも彼は、非難されうるような位置に自らを置くことを避けるよう努めつつ、まるで〈自分が語らなくても話は同じようになる〉という風に議論を進めるからです。結果として、森村の幸福論は、内容面で彼を非難することが適切でないような具合に仕上がっています。実際、彼の本は、いわば「彼自身のものでない」学説の羅列であり、そこに一貫した「彼固有の」精神は通底していません。それゆえこの本で書かれてあることを、単純に「彼の」立場として批判することは、いささか的外れな営みになってしまいます。

それゆえ私は単純でない仕方で彼を批判する。すなわち本節は、一方で、「自らを危険に曝さない」ような執筆態度に関して森村を非難します。なぜなら、私の考えでは、こうした執筆態度の結果として、彼は哲学未満のものを「哲学」として喧伝することになっているから。他方で本節は、森村の著書は内容面に関しても決して優れたものではない、と主張する。

［1］第1節でも取り上げた『幸福とは何か』のこと。

なぜなら同書は、「幸福とは何か」という問いへ「幸福は……だ」という形の解答を与えることにこだわり、《幸福は超越的だ》という事態への配慮を欠いているから。実に――本節で何度か見るように――「幸福」の内実を理論的に確定するという関心は、すなわち森村の著書を導く関心は、「幸福」というテーマへの向き合い方に歪みを生みます。結局のところ、この本もまた〈語りえぬもの〉を大切にする姿勢を欠いている、ということです。

以上の注意点は形式的であって、具体的な中身は以下で徐々に明らかになるでしょう。本節の議論は以下の順序で進みます。はじめに森村の著書の結論を確認します。その後、彼の議論を具体的に追ったうえで、彼とは異なる道筋で幸福という話題に触れるひと――すなわち九鬼周造――の文章を紹介します。最終的に、きわめて重要なタイプの「幸福」がある種の「超越的」次元に存する、ということが確認されます。

(2)「分からない」という結論

まず森村の著書の究極的「主張」を確認しましょう。彼は、同書は「幸福とは何か」という問いを考察するものだと述べた後で、考察の枠組みを次のような仕方で決定します。

最近四十年間近く、英語圏の哲学ではこの問題［すなわち「幸福とは何か」という問題］が活発に論じられています。そこでの議論は、イギリスの哲学者デレク・パーフィットが

『理由と人格』（一九八四年）で行った分類法に従って、「快楽説 Hedonism」「欲求実現説 Desire Fulfillment Theory」「客観的リスト説 Objective List Theory」という三つの陣営に分けられるのが常です。

「快楽説」とは、幸福とは何らかの快い心理状態のことだとする説で、昔から有力に唱えられてきました。「欲求実現説」とは、本人の望んでいる事態が実現すること自体が幸福だとするもので、二十世紀にはこの見解が暗黙のうちに通説化していました。「客観的リスト説」とは、本人の信念や欲求とは独立に、健康とか豊かな人間関係とか理性といった、幸福を構成する客観的な要素が複数あるという説で、これも快楽説と対立して昔から提唱者を持ってきました。

これら三説の中にもさまざまのヴァージョンがあり、折衷的な見解もあります。また諸説を「主観説」と「客観説」に二分したり、あるいは四つ以上に分類したりする人もいます。私もこの三説に分けるのが唯一可能な分類だとは言いませんが、説明のためにはそれが一番便利だと思うので、本書でもこの分類を採用します。[2]

引用の主意を繰り返せば、森村の著書は「快楽説 vs 欲求実現説 vs 客観的リスト説」の三つ

[2] 森村『幸福とは何か』、14-15頁、四角カッコ内は引用者補足

巴を考察の枠組みとして採用し「幸福とは何か」を追求する、ということ。となると最終的な結論はどうなるでしょうか。三つの立場のどれが間違っており、どれが正しいのか。

森村の結論的指摘は次です。

二十世紀の終わりからは〔…〕三つ巴の論争が続いている。さらに今世紀にはこの三つの説（の諸ヴァージョン）の複数のものを何らかの仕方で結びつけるハイブリッド理論や多元主義も登場したが、いまだに通説と言えるような理論はなく、議論の行方を見通すことは難しい[3]──。

まとめると「議論の行方を見通すことは難しい」ということ。やや詳しく言えば快楽説vs欲求実現説vs客観的リスト説という枠組みで「幸福とは何か」を論じた結果として彼が言いうるのは《どれが正しいのかよく分からない》ということ。実に、森村は──このあとで見るように──《三説のうちどれが正しいのか》を論じて、どの見方にも一長一短あると指摘し、結果として《正しいものをひとつ確定することはできない》とします。

私は、《快楽説と欲求実現説と客観的リスト説のどれが正しいのか》を考察すれば「分からない」となるのが自然だと思うので（なぜなら後でも言うように、幸福は〈語りえぬもの〉であるから）、森村が「正しい説」を確定しなかったことを責めるつもりはありません。むしろ彼が〈幸福についてほとんど教えることのない事柄〉を結論としている点を非難したい。いや、よくよく考えれば、この非難は的外れかもしれません。なぜなら――重要な点ですが――森村が「分からない」という言明を自分の立場として引き受けているかどうかはっきりしないからです。ひょっとしたら彼は、誰が論じようと《問題の論戦は今のところ決着のつかないものだ》と結論される、と指摘したいのかもしれない。すなわち、自分の立場として《三つのうちどれが正しいか分からない》と述べているのではなく、客観的な事実として《論戦の行方は分からない》と記述している、ということかもしれません。だが、もしそうであるならば、私はこうした「責任回避的」姿勢に関して森村を責めねばならないでしょう。なぜなら私は、哲学における究極的主張は、「私は」という責任ある署名のもとで行なわれねばならない、と考えるからです。

ここでいったん立ち止まることにします。

読者の中には、本当に森村の結論は《分からない》なのか、さすがにもう少し積極的な意見を例えば「行間から染み出させる仕方」で主張しているのではないか、と疑うひとがいるかもしれません。これは自然な疑問です。なぜなら「分からない」というのは本の結論としては不条理に見えるから。以下では、森村の結論が実際に《分からない》であることを確認

［3］森村『幸福とは何か』、215頁

するために、それに至る彼の議論を追いましょう。

(3) 書かれている以上のことが何も染み出してこない

以下で私が指摘したいことは、森村の文章の行間からは何も染み出さない、という点です。すなわち、彼が自らの語りの姿勢でもって「幸福」に関する重要な何かを示す、ということはないと私は考えています。加えて――前置きをもうひとつ加えれば(くどいかもしれませんが)――森村に対する私の以下の批判は、結局、彼の哲学観の外部から私の哲学観をいわば「ぶつける」ようなものです。だが、そうなると、彼の立ち位置と私のそれは同等なのか。私は森村が自分の哲学観の相対性や特殊性にどれほど自覚的であるかを疑っています。これに対して私は本書を、「私の」言葉として提示するよう努めています。これは、本書の一文一文が、責任を問われうる私の立場表明だ、ということです。私は、自分自身を「賭ける」態度と、その自覚に関して、森村とは一線を画したいと考えています。

さて、森村は本の第1章において「快楽説は正しいかどうか」を論じるのですが、彼はこの説に対する反論のひとつを次のように論じる。

つとに紀元前四世紀の哲学者プラトンの対話篇『ゴルギアス』の中で提唱された一つの重要な「快楽説への」反論は、「快楽の中にもさまざまの種類があって、中には幸福に全然寄与しないものもある」というものです。そのような無価値な快楽の例としてあげられるのは、のちにミルが「豚の快楽」と呼んだような（多くの場合感覚的な）低級な快楽や、他人を傷つけることから得られるような不道徳な快楽ですが、［…］ここでは低級な快楽の方だけを取り上げます。次の例を考えてみましょう。

〈後ろめたいテレビウォッチャー〉江藤さんはキルケゴールの宗教哲学の研究を趣味にしているが、自由な時間にはその研究にいそしむよりも、ついついテレビのバラエティ番組を見て、芸能人のゴシップに夢中になってしまうことが多い。彼女はキルケゴール哲学研究から得られる快楽の方がバラエティ番組から得られる快楽よりもはるかに高級で自分の幸福に資すると信じているので、バラエティ番組を楽しんだ後ではいつも後ろめたさを感じている。

この場合、〈江藤さんがバラエティ番組から得る快楽の方がキルケゴール哲学研究から得られる快楽よりも大きいが、幸福に資する程度は小さい〉という判断にはもっともらしさがあると思われます。[4]

［4］森村『幸福とは何か』、34－35頁、四角カッコ内は引用者補足

ここでは、快楽説への反例として「後ろめたいテレビウォッチャー」と名づけられたケースが挙げられています。実に、もし快楽説が正しいのであれば、《快楽がより大の場合には必ず幸福度もより大になる》とならねばならない。とはいえ問題のケースでは《快楽がより大であるにもかかわらず幸福度は必ずしもより大になっていない》ということが生じている。かくして問題のケースに鑑みれば快楽説は必ずしも正しくない。――引用の文章はこのようなことを言っているように読めます。

他方で――続きを読めば気づくことですが――森村は以上の文章を「自分の主張」として引き受けていない。なぜなら彼はたったいま紹介した議論に応答がありうることを認めているからです。曰く、

低級な快楽に訴えかけるこの反論に対して快楽説の立場から提出できる第一の返答は、「低級な快楽と言われているものは、長期的には高級な快楽ほど大きな福利をもたらさないだろう」というものです。たとえば、かりにキルケゴール哲学研究からの喜びがその時は淡々たるものだとしても、それは主体的な生き方をはげまし、以後の精神的生活を豊かにしてくれるのに対して、バラエティ番組を見ている間は大笑いしても、その経験は以後何の善い影響を及ぼさなかったり、それどころか江藤さんの場合のように「後ろめたさ」

という不快感を生み出したりするかもしれません。一般的にそういうことが言えれば、高級な快楽はその時限りではともかく、長い目で見れば、低級な快楽よりも大きな幸福をもたらす傾向を持っていることになります。[5]

最後の一文は曖昧ですが、[6] いずれにせよ私はこの応答を、「江藤さん」のケース（および同様のケース）は快楽説の反例にならないと述べる議論だと読みます。すなわち、長い目で見ればキルケゴール哲学研究の方が「より大きい快楽」だと判明するので、《快楽がより大の場合には必ず幸福度もより大になる》という関係は問題のケースでも成り立っていると言える、ということです。

では、この応答を森村は「自分のもの」として引き受けるかと言うと、またもやそうではない。なぜなら彼はこの応答の問題点も指摘するから。曰く、

右の［…］返答は「高級・低級な快楽」を結局「大きな・小さな快楽」に還元してしま

［5］森村『幸福とは何か』、35–36頁

［6］引用の最後の一文は、少なくとも私にとって、「高級な快楽は、その場限りではともかく、長い目で見れば、低級な快楽よりも、快楽の量として大きい」などと書いてくれた方が明確である。あるいは、曖昧に書いてしまったというより、たんに書き損じただけかもしれないが。

うことによって快楽説を擁護するものです。とはいえ、そのような還元が常に可能かどうかは疑問です。苦痛を何ら伴わない「低級な快楽」というものも考えられるでしょう。おとなの眼(め)から見た幼児の遊び、洗練された趣味人から見た野人の歓楽——これらはたとえ経験主体にとって何の不愉快も伴わなくても、「低級」と評価されるでしょう。[7]

これは、先の《キルケゴール哲学研究のような高級な快楽は、一般に、長い目で見れば低級な快楽よりも、快として大きい》という応答に対して、次のように再応答するものだと読めます。すなわち、長い目で見ても高級な快楽に比して量の点で劣らない低級な快楽も存在しうる、加えてこうした低級な快楽は幸福の増大に寄与しないことがあるので、《快楽がより大の場合には必ず幸福度もより大になる》という関係が成り立たないケースがありうるだろう、と。仮にこうしたケースがあるとすれば、それは快楽説の反例となるでしょう。

では森村は、《快楽説は必ずしも正しくない》という再反論を、「自分の主張」として引き受けるのか。これも——これまでの調子から推察できるように——「否」です。実に、彼の著書において森村が行なうことは、「……という考えがある」・「これは……という反論がある」・「この反論には……という再反論がある」などと紹介することだけ。結局、彼は、例えば「快楽説は正しいのか」という問いに関して、「自分はこれを正しいと考える」とも「自分はこれを間違っていると考える」とも言いません。彼は、「快楽説vs欲求実現説vs客観リスト説」の三つ巴に関して、自分の積極的主張を何ひとつ行わずに議論を閉じるのです。

さて――「染み出す」という話題へ戻ると――仮に森村が、例えば「快楽説は正しいのか」という問いは単純に「イエス」あるいは「ノー」で答えられるべきものではない、などと指摘していたならば、幸福の諸理論をめぐって右往左往する彼の文章の行間から何かしらのものが染み出していたかもしれません。なぜなら、そうした指摘がある場合には、私たちはそこに〈書いてある以上のこと〉を読み取るよう促されたであろうからです。しかしながら森村は、本全体を通じて、「快楽説は正しいのか」などの問いには一定の答えがあると想定する姿勢を崩しません。そうなると、「快楽説と欲求実現説と客観リスト説のどれが正しいのか」や「幸福とは何か」へどのように答えるかこそが、彼の立場表明の媒体にならざるをえない。そして、こうした問いをめぐって彼は「分からない」と結論するのであるから、彼の究極の主張は《分からない》以外にないことになります。

同じ点を敷衍します。第一に、たったいま触れたように、森村は《自分の取り組む問いは単純な回答を許さない》などと注記することで自分の取り組みを「外部から」相対化することをしなかった。結果として、森村の意図に従うと、彼の本は書いてある通りに読む以外にないと思われます。第二に、森村の文章を書いてある通りに読むと、そこには〈彼に責任を

［7］森村『幸福とは何か』、36–37頁

森村は後半のひとつの章（第4章）のまとめとして以下のように書く。

快楽説・欲求実現説・客観的リスト説の三つの説いずれもそれぞれ問題点があるため、それらを組み合わせた説を唱える論者もあります。このような折衷説はハイブリッド説と多元主義に二分することができ、後者はさらに加算的多元主義と全体論的多元主義に二分できます。さらにこれらの諸説は、幸福の構成要素として何を採用するかによって多数のヴァージョンに分けられますが、その元になった基本的な三つの説と比較して改善か改悪かは個別的に判断しなければなりません。ただし一般的に言って、ハイブリッド説は不幸という観念の説明において説得力が弱いように思われます。[8]

この「まとめ」は、いろいろな論者がおり、いろいろな説がある、と言っていると解釈できます。また、引用においてひとつだけ著者自身の主張であるように見える「一般的に言って、ハイブリッド説は不幸という観念の説明において説得力が弱い」という文も、必ずしも《ハイブリッド説は間違いだ》という積極的主張には繋がりません。いや――私は彼を問いただすつもりで書きますが――森村はむしろ主張の責任が自らに降りかからないよう努めている（無意識的にであれ）のではないでしょうか。森村の文章はどれも、彼の意図どおり読めば、「彼の」立場を、すなわち「彼の譲れない命懸けの」立場を表現していないように見えます。結局のところ、私は、結論部の言葉である（すでに引用した）「議論の行方を見通すことは難しい——」を「彼の」声と見なすしかないのですが、これは《分からない》と述べているに過ぎないように思われます。あるいは先にも述べたように、この最後の言葉すら、「彼の」立場の表現ではないのかもしれませんが……。

（4）すべてが美しい

私の考えでは、「幸福とは何か」へ「幸福は……だ」という形で答えようとする森村はそもそも幸福をいわば「間違った場所」で探しています。いや、より正確に言えば、ある重要な意味の「幸福」は、世界の内部で成立したりしなかったりする諸条件で規定されうるものではないのですが、森村の語りはこうした次元の幸福を完全に無視する。その結果、『幸福とは何か』における彼の文章には、「超越した」何かに触れる契機がありません。このさらなる結果として、森村の幸福論を頑張って追ったとしても、何かしら「虚しさ」ばかりが残ることになります。

以上の点をもう一歩踏み込んで説明しましょう。

［8］森村『幸福とは何か』、176頁

本書の言う「アイロニー」は、たんに皮肉を意味するのではなく、自己を相対化する姿勢でありその運動なのですが、こうした特性の帰結として、アイルニカルな語りはいわば〈超越を閃かせる〉という力を具えます。なぜなら――いささか形式的になりますが――〈自己を相対化する〉とは〈自己を超えること〉であるから。例をひとつ挙げます。

哲学者の九鬼周造は、日本を代表する美学者のひとり岡倉天心が亡くなった後、彼をめぐる随想を書きました。そこで九鬼曰く、

私が十四、五になった中学の一、二年ころは坂井犀水氏の塾にいて土曜から日曜へかけて父のところへ行ったり、母のところへ行ったりした。或る日曜の朝早く起きて母の家の庭で一人で遊んでいると岡倉氏が家から出て門の方へ行かれるのとヒョッコリ顔を見合わせた。その時の具体的光景は私の脳裏にはっきり印象されているが、語るに忍びない。間もなく母は父から離縁され、[9]……………。

比較的よく知られていることですが、九鬼周造の母親は岡倉と関係をもっていました。小学生の頃の九鬼は、大人の事情が分からぬまま、岡倉に遊びに連れて行ってもらうなどいろいろと世話になったようです。とはいえ、成長するにつれ、その関係性が徐々に理解されてくる。その後、九鬼は岡倉が講師をしていた帝大に入学するのですが、この美学者の講義に

は一度もでなかったらしい。なぜなら「母を悲惨な運命に陥れた人という念もあって氏に対しては複雑な感情を有していたから」[10]。とはいえ、それから時が経ち、割り切れなかった感情は形を変えていきます。曰く、

岡倉氏が非凡な人であること、東洋美術史の講義も極めて優れたものであることは、きいていたが、私は私の私的な感情に支配されて遂に一度も聴かなかったのは今から思えば残念でならない。西洋にいる間に私は岡倉氏の『茶の本』だの『東洋の理想』を原文で読んで深く感激した。そうして度々西洋人への贈り物にもした[11]。

岡倉当人が亡くなり、そして自分自身も歳をとり、事態を一歩退いて眺められるようになった九鬼は、事態に新たな意味づけをする。すなわち、非凡さを素直に非凡さと認められる境地に至り、かつての自分の「若さ」を振り返る、ということ。ここから九鬼の語りは超越へ進んでいきます。

---

[9] 九鬼周造「岡倉覚三氏の思い出」、『京都哲学撰書第30巻 九鬼周造 エッセイ・文学概論』（燈影社、2003年）所収、53頁
[10] 九鬼周造「岡倉覚三氏の思い出」、54頁
[11] 九鬼周造「岡倉覚三氏の思い出」、54頁

やがて私の父も死に、母も死んだ。今では私は岡倉氏に対してはほとんどまじり気のない尊敬の念だけを有っている。思い出のすべてが美しい。明りも美しい。蔭も美しい。誰も悪いのではない。すべてが詩のように美しい。[12]

私は、ここで世界の内部で生じる個別的な出来事の良し悪しに依存しない「超越的な」何かが語られている、と言いたい。加えて、ここは多くを語ることが「野暮」になる境域であり、ある種の幸福も顔を出している、とも言いたい。是非とも共有されたい見方は次。すなわち、九鬼は「思い出のすべてが美しい」と書いているが、彼と彼の母と岡倉との複雑な関係にいま一度目を向ければ、それはたんに「すべてが美しい」と言って済まされる出来事ではない、と。このことは、九鬼の「すべてが美しい」という言葉は、それが述べている事柄以上のことを表現している、ということを意味します。そして彼の言葉は、「虚しさ」の対極にある何かを閃かせています。

私は、快楽説や欲求実現説などを云々する森村の文章を読むときよりも、九鬼の先ほどの文章を読むときの方が、幸福の深淵に触れている感覚を得ます。たしかに、このように言えば、森村は、「それは感覚に過ぎない」とか、あるいは「そもそもやろうとしていることが違うので、山口の批判は的外れだ」などと応答するかもしれません。話がここまで進めば私は、もはや彼の幸福論について語るのを止め、自分にとって重要と思われる「超越的幸福」の考察へ進むでしょう。次節より、個々の出来事の良し悪しに左右されない、「超越的な」次元に存する幸福についての議論を始めたいと思います。

最後に、森村と私の違いは「論理か直感か」や「理論か実践か」という馴染みの二分法では捉えられない、という点を述べておきたい。なぜなら私は、本書において、幸福と人生の意味の哲学という主題にとって適切な論理性と「理論性」を追求しているからです。

では彼と私の違いはどこにあるのかと言えば、私は次のように指摘します。すなわち、《自分の哲学が自分の言葉だ》という点にどれほど自覚的か、ということに関して森村と私は大いに異なる、と。森村の幸福論は彼の選択の産物であらざるをえないので、彼がそれを「客観的な」理論的叙述と見なすかのように語ることには欺瞞が含まれると言えます。もちろん哲学者は自分にしか分からない私的意見を呟（つぶや）くことを目指しているわけではありません。哲学的主張には普遍性への要求が含まれます。とはいえここでは、《哲学は無私的な営みだ》と短絡するのではなく、《私的な言葉が私的であることを超えていく》という矛盾的事態へ目を向けることが重要です。結局のところ、森村もまた「弁証法的」でない、ということです。

［12］九鬼周造「岡倉覚三氏の思い出」、54頁

第11節　超越的幸福

（1）〈眼前に現れうるもの〉と〈超越〉との区別の重要性

幸福は超越的だ、というのが本書の積極的主張のひとつですが、そもそも「超越的（transcendent）」あるいは「超越（transcendence）」とは何か。はじめにこの点を説明します。

第7節で私は船木英哲に対して、「存在それ自体は無意味だ」と語るひともまた、自分がそう語ることの有意味性を認めている、と指摘しました。これは、私たちがいわば「意味の場」のうちにいる、ということを意味します。すなわち、ある何かが他の何かよりも有意味と見なされるような空間の中に私たちは「つねにすでに」投げ入れられている、ということ。さらに言えば、私たちが生き、行為し、語るとき、それを「包み込む」場のようなものが在る。こうした私たちを超えた何かこそが、本書が「超越」と呼ぶところのものです。

「場」としての超越——この概念を別の事例でさらに敷衍して説明しましょう。

哲学者の幾人かは、いわば「普通の意味で」存在するものと、それを包み込む超越との間の違いに敏感なのですが、例えばカントもそのひとりであり、彼は「時空」の超越性を以下のように説明します。まず、空間について、

人は、たとえ空間のうちにいかなる対象も見いだされないということを十分考えうるにせよ、いかなる空間も存在しないということについては、けっして表象することはできない。それゆえ空間は、諸現象の可能性の条件とみなされるものであって、諸現象に依存する一つの規定と見なされるものではなく、だから、外的な諸現象の根底に必然的にある一つのア・プリオリな表象である。[1]

「ア・プリオリ」などの専門用語の解釈は措くとして、この引用は、空間内の諸現象（こちらが普通の意味で存在するもの）と空間それ自体の違いを指摘しており、《空間はそもそも諸現象の存在を可能にする場だ》と述べています。ポイントは、空間とその内部の対象とは本質的に異なるあり方をしている、ということです。同様に、時間について、

人は、たとえ諸現象を時間のうちから除き去ることは十分できるにせよ、諸現象一般に

[1] カント、原佑訳『純粋理性批判 上』（平凡社、2005年）、150-151

関して時間自身を廃棄することはできない。それゆえ時間はア・プリオリに与えられている。時間においてのみ諸現象すべての現実性は可能である。[2]

これもまた、時間内の諸現象と時間それ自体の違いを指摘しており、《時間もまた諸現象の存在を可能にする場だ》と述べている。ここで押さえたいのは、カントが強調したがっている差異のタイプであり、これは〈眼前に現れうる物〉と〈超越〉の区別と特徴づけられうるでしょう。すなわち、例えば車やサッカーの試合は眼前に現れうるが、時間と空間はこれらを包み込むものとして「背景的な」位置に留まります。この意味で、時間と空間は、現前せず、「超越的な」位置に在ると言えます。[3]

重要なのは、世界はたんに〈眼前に現れうる物〉だけから成るわけではなくそれを超越するものからも成る、という点です。たしかにこれは世界を捉える唯一の仕方ではないのですが（そして超越の存在を否定する世界観もある）、この捉え方においてはいろいろと価値あることが見えてきます。私は、前節で取り上げた森村は幸福を〈眼前に現れうる世界内部的な諸条件〉の成否へ還元するよう努めている、と理解し、そのうえで、むしろ《幸福は超越的だ》という見地に立つ方がいろいろと意味のあることが見えてくる、と主張したい。幸福は、世界内部で成り立ったり成り立たなかったりするものとは異なる次元に在る、と言いたいわけです。

加えて押さえられたい点は次。すなわち、《空間と時間は超越的だ》というカントの見方においては、空間と時間の私たちにとっての捉え難さが表現されている、と。実に、〈私たちの眼前に空間それ自体を取り出す〉ということはある意味で「意味不明」であり、むしろ空間は〈その中で私たちが何かを行なうような場〉です（ポイントは、「取り出す」という行為もまた空間の中で行なわれざるをえない、という点）。かくして、「空間それ自体を取り出す」というフレーズが何を意味するか分からない以上、少なくともカント的な見方においては、空間の本質を語り尽くすということも私たちには不可能なことと思われる。同じことが時間についても言えます。

もうひとつ事例を紹介したい。

〈眼前の現れうるもの〉と〈超越〉の違いに敏感な哲学者はカントだけでなく、例えばドイツの哲学者マルティン・ハイデガーもそうです。この哲学者は主著のひとつ『存在と時間』で、「世界（Welt）」という概念に関して、それがときに〈世界内部に存在するものの総体〉を意味すると認めつつ、次の「超越的な」意味も持つと指摘します。すなわち、かかる意味

［2］カント『純粋理性批判 上』、160頁

［3］ちなみにカント自身は「超越的」という語をもっぱら本書と異なる意味で用いており、彼は、いわば経験的制約を離れた概念の越権的使用を「超越的」と形容する（カント、原佑訳『純粋理性批判 中』（平凡社、2005年）、22頁）。用語上のズレについては細心に注意されたい。

においては、

［…］世界は［…］世界内部的に出会われうるような存在者だと、解されているのではなく、なんらかの現事実的現存在が「その内」で現事実的存在者として「生活している」当のものだと、解されているのである。[4]

ここでも「現事実的」などの専門用語の意味は措きましょう。そして、有名な「現存在（Dasein）」という概念が〈私たちがそれであるところの存在〉を指すという点を踏まえると、引用は、「世界」はいわば〈私たちが生きている場〉を意味しうる、と指摘していると言えます。押さえねばならないのは、眼前に現れうるものの総体と、そうしたものを包む「場」が、本質的に区別されるとハイデガーが考えている、という点。この哲学者も、〈眼前に現れうるもの〉と〈超越〉の区別を立てながら、存在者が現れる場のあり方の探究に努めます。そして――本書の関心には属さない議論ですが――彼は例えばこうした場が時間性や歴史性を具えていることを指摘していくわけです。

本書は、〈眼前に現れうるもの〉と〈超越〉の区別を重視しながら、《幸福は超越の側に属す》と主張します。なぜなら――先も指摘したように――こう考えることによっていろいろと価値のあることが見えてくるから。同じように考えるのがウィーン生まれの哲学者ウィトゲンシュタインであり、彼は例えば次のように書く。

ところで、幸福な生は不幸な生よりも何らかの意味でより調和的と思われる、と語ることができよう。しかしどんな意味でなのか。

幸福で調和的な生の客観的なメルクマールは何か。記述可能なメルクマールなど存在しえないことも、また明らかである。

このメルクマールは物理的ではなく、形而上学的、超越的なものでしかありえない。[5]

ここではひとつに、生を幸福たらしめる特徴は、形而下の記述可能なものではなく、むしろ形而上の「超越的な」語りえぬものだ、と述べられています。とはいえ《これが何を意味するか》あるいは《そもそもこれは何を意味しうるか》はここだけでは判明でないので、以下、この命題の意味を摑むためにいくつかの事柄を考察します。本節は——念のため明示的に注意すれば——必ずしもウィトゲンシュタイン自身の幸福論を抽出することを目指すわけ

[4] 原佑・渡辺二郎訳『存在と時間』、原編『ハイデガー　世界の名著74』（中央公論社、1980年）所収、152頁

[5] ウィトゲンシュタイン「草稿1914－1916」（奥雅博訳『ウィトゲンシュタイン全集1』、大修館書店、1975年）、264頁。「1916年7月30日」の草稿

ではないのですが、彼の文章を踏まえてあるタイプの幸福論を、すなわちひとつの「超越的幸福論」を、彫琢することを目指します。

本節の残りの部分の議論は以下のように進みます。はじめに、ある小説のいくつかのエピソードを見て、幸福を〈眼前に現れうるもの〉へ帰着させる見方の問題点を確認します。その後で、ウィトゲンシュタインの文章を踏まえつつ、《幸福は可能だ》という本書の積極的主張を提示します。そこでは、幸福は〈眼前に現れうるもの〉を超えた次元につねにすでに存在している、と指摘されるでしょう。

（2）幸福と不幸を世界内部的な基準で測ることの問題点

『ハックルベリ・フィンの冒険』などで有名なアメリカの小説家マーク・トウェインが晩年に悲観主義的な作品を書いていたことは有名ですが、『不思議な少年』はその時期の代表作だと言えます（とはいえ公刊は彼の死後6年目らしい[6]）。

この物語は、主人公の少年テオドール・フィッシャーが、神的な超能力をもつ少年の姿をした「サタン」と名のる何者かと知り合いになり、いろいろな事件を観察するというものですが、そこでは「幸福」に関しても興味深いことが描かれている。例えば、サタンは主人公の友人のニコラウスと村の美少女リーザを「より幸福」にしてやろうとして、超能力で彼と彼女の運命を変えてしまう。そのエピソードは以下[7]。

ニコラウスは62歳、リーザは32歳まで生きる予定だったのだが、サタンは因果の連鎖の一部をわずかに変えて、12日後に、溺れたリーザをニコラウスが助けようとして二人とも死んでしまうようにする。「ひどいや」と抗議するテオドールに対してサタンは次のように言う。

「ぼくはニコラウスの一生を変えてしまった。そして、おかげでリーザの一生も変った。もしぼくがこれをしなければ、彼はリーザを助けるはずだった。ただし、そのかわりには、ずぶぬれになったために風邪をひき、君たち人間の間じゃ、あの奇妙きてれつな業病ってことになっている猩紅熱にかかってだね、ひどい予後にとりつかれるはずだった。なにしろ四十六年間というものは、つんぼで、唖で、しかも盲目のまま、全身不随の寝たっきりになるはずだったんだからね。毎日毎日、死の幸福ばかりを祈りながら暮すはずだったんだよ。どうだ、もう一度元に返すとするかね？」

「だめ、だめ！　そんなのだめだよ。お願いだから、このままにしといておくれよ！」[8]

---

［6］トウェイン『不思議な少年』（中野好夫訳、岩波文庫、1969年）の「訳者あとがき」より（189頁）

［7］トウェイン『不思議な少年』、110-133頁

［8］トウェイン『不思議な少年』、112頁

サタンはここで、12日後に死ぬという一見不幸な運命は、46年間の苦しみを避けるようなかえって幸福なものだ、と述べている。ちなみにリーザについても、もし溺死しなかったなら「事故のあと、健康を回復するのに苦しい毎日の十年間」、「そのあとの十九年は、堕落と恥辱、背徳と犯罪の半生、そして最後は、絞首台で一生を終える」というものだったらしい[9]。

以上のストーリーを紹介することで私が指摘したいことは——あらかじめ強調しておくと——次です。すなわち、トウェインの物語から、彼自身の真意は別にして、私たちが引き出すべき教訓は、幸福と不幸を世界内部的な基準で測るという発想からときに距離をとらねばならないということだ、と。例えば、〈12日後溺死すること〉をテオドールははじめ不幸なことだと見なしたのですが、その後でそうした運命を〈46年間、耳が聞こえず、しゃべることができず、目が見えないという状態で苦しむこと〉よりも幸福だと見なしました。テオドールは一定の基準で幸不幸を判断しているかもしれませんが、結果として、彼はニコラウスの運命に関する情報を前に右往左往することになっています。

以上の点をより具体的に説明しましょう。サタンはあるとき村人を超能力で脅かせて村を混乱させるのですが、後でテオドールに「衝動的で、でたらめなやり方をする前に、一応その結果として起るだろうことも考えるべきだ」と非難され、以下のように答えます。

> ねえ、君、ぼくは村人たちのためを思ってやってやったんだよ。そうは見えないかもし

れんが。つまり、君たち人間ってやつは、幸運と不運との区別がつかないんだな。いつもとりちがえてばかりいる。それというのも、未来が見えないからさ。いまぼくが村人たちに対してやっていること、これもいつかはいい結果になるに決ってるんだよ——そりゃもちろん、直接彼らが恩恵にあずかるという場合もあるだろうがね。ただそうした場合、このぼくがそうしたのだということには、誰ひとり気がつかないんだな。だが、やはりぼくのやったことであることには、ちっとも変りない。そうだ、君たちのあそびにこんなのがあったね。煉瓦をずっと数インチおきに並べる。そして、誰かが端の一つを倒すと、ついでに隣の煉瓦も倒れる。そんなふうにして、次々と倒れて行って、最後には全部が倒れてしまうというやつだよ。これが人生ってもんなんだな。子供の最初のひと押しが、まず端の煉瓦を倒す。すると、あとはいやでも次々と倒れてしまう。もし人間にも、ぼくみたいに、未来を見る力さえあれば、ある人間の将来にどんなことが起るか、すべて見通せるわけだよ。[10]

しかし実際には、人間には未来を見る力はありません。それゆえ、もし《何が起こるか》

[9] トウェイン『不思議な少年』、113頁
[10] トウェイン『不思議な少年』、106-107頁

に応じて幸不幸を判定するならば、私たちの判断はつねに裏切られうることになります。具体的には、例えばサタンによる超能力のパフォーマンスは村人を大混乱させたが、これは——村人の各々には見通せないことだが——将来何か良いことが起こる原因だった、ということです。

とはいえ、幸福と不幸を世界内部的な基準で測ることを続けながら、幸福と不幸を確実に判定する方法はないのか、そして確実に幸福になる方法はないのか。この点に関してサタンは例えばある老人を一種の狂気に陥れ、《自分は皇帝だ》という信念から離れられないようにします。すなわちこの老人は、周りの者を「宮内長官」・「何々公爵」・「提督」・「元帥」などと呼び、「本人は小鳥のように嘻々としていた」という具合。[11]これについてもテオドールは文句を言うのですが、その際のやり取りは以下。

「[…]彼はこれからもずっと皇帝のつもりでいるだろうし、皇帝という誇り、皇帝という喜びは、死ぬまでつづくはずだよ、君。今も現に国じゅうでただ一人の真実幸福な人間のはずだが、これからもずっとそうだろうよ」

「でも、そのやり方だよ、サタン、やり方が問題なんだよ。気ちがいになんかしなくたって、幸福にできたんじゃないかね?」

めったに怒らないサタンだったが、さすがにこれには怒った。

「なんて馬鹿なんだね、君は！　間抜けにもほどがあるぜ。正気で、しかも幸福だなんてことが、絶対にありえないってことくらい、君にも分からないのかねえ？　正気の人間で幸福だなんてことはありえないんだよ。つまり、正気の人間にとっちゃ、当然人生は現実なんだ。現実である以上、どんなに恐ろしいものであるかはいやでもわかる。狂人だけが幸福になれる。[12]［…］」

押さえるべきは、世界の内に何が起こるかによって幸福か不幸かが変わってしまうのであれば、確実に幸福たるためには狂気の世界を生きるしかない、という点です。逆に、正気の世界は一寸先に何が起こるか分からない「恐ろしいもの」であるので、そうした場では確実に幸福になることなど望めません。たとえ一時的に「幸福な」状態を得ることができたとしても、その状態を失う不安はかえってひとをより深い意味の「不幸な」状態に招き入れるでしょう。かくして私たちはふたたび〈幸福の不可能性〉という話題へ帰ってくることになりました。はたして私たちが幸福たることは可能であるのか。

[11] トウェイン『不思議な少年』、168-169頁
[12] トウェイン『不思議な少年』、170-171頁

（3）幸福の可能性

今から主張するのは、幸福は可能だということ。加えて——本書の第1章において拘って(こだわって)きた話題ですが——幸福は幸運なひとにとってのみ可能なわけではなく、むしろ幸福はつねにすでに私たちを包み込んでいる、とも言いたい。私たちは普段そこに目を向けることがないのですが、それでも、いわば私たちを待ちうけるような仕方で、ある超越的な「幸福」はいつもそこにあるのです。——以下、こうした点を一歩ずつ説明していきます。

はじめに、トウェインの『不思議な少年』から引き出すことのできる教訓は何かと言えば、それはひとつに次でしょう。すなわち、問題にすべきは、《世界で何が起こるか》に応じて幸福か不幸かが変転すると考えるという見方それ自体である、と。こうした見方に立つ場合、正気なひとは自らの幸福を確信することができず、むしろ「自分を国王だと信じ、神だと思いこんでいる」ようないわば思いこみの激しい者だけが幸福を得られる、という馬鹿ばかしい事態が生じてしまいます。

それゆえ——先に触れましたが——私たちは、少なくとも「幸福とは何か」を根本的に問う際には、〈幸福と不幸を世界内部的な基準で測る〉という発想から距離をとらねばなりません。なぜなら、根本的に考えれば《幸福は人生において最も大事なもののひとつだ》と言わざるをえない以上、《サタンによって気を狂わされた者や思いこみの激しい者だけが幸福たりうる》という帰結を生む先の発想は決して絶対化できるものではないからです。

かくして——以上より導かれることですが——《世界で何が起こるか》をめぐって右往左往するのではなく、むしろ《すべては起こるように起こる》という境地に立ち、現実を「正気の」眼で眺め、そこで可能な幸福を問うべきだ、と言えます。実に、ウィトゲンシュタインが幸福や価値を語るのは、このような境地においてでしょう。例えば彼曰く、

世界の意義は、世界の外側になくてはならない。世界のなかでは、すべては、そのあるがままにある。そして、すべては、起こるがままに起こる。世界のなかには、いかなる価値もない。仮にあるとしても、その価値には、いかなる価値もない。[13]

ウィトゲンシュタインは自らの長い考察の末にこの文章を書いているのですが、ここではそこに至る彼自身の筋道は措くとして、もっぱら《彼が世界を、あるがままにある、起こるがままに起こる、という境地で見ている》という点を押さえたい。実に——これから見るように——かかる境域においてある種の「幸福」が姿を現すのです。

だがそれはどのような幸福か。《ウィトゲンシュタインの哲学の全体像においてこの問い

[13] ウィトゲンシュタイン、山下一郎訳『論理哲学論』、『中公クラシックスW7 論理哲学論 ウィトゲンシュタイン』(中央公論社、2005年4版) 所収、217頁

がどう答えられるのか》はもはや彼自身の哲学の専門研究に属する事柄になるので[14]、以下ではむしろ《こう捉えれば重要なことが見えてくる》と言えるような捉え方の提示を目指します。それは、たしかにウィトゲンシュタインの言葉からインスピレーションを得ているのですが、そしてさらに彼の言葉に即して提示されるのですが、本質的には私自身の超越的幸福論であるところのものです。

第一に押さえるべきは、苦しみや痛みが消滅することにおいて問題の意味の幸福が出来（しゅったい）するわけではない、という点です。実に、本書ではこれまで何度も、この世のどうにもならない苦悩を見てきました。そして私は敢えてそれを直視する姿勢で筆を走らせてきました。ウィトゲンシュタインも書きます。

人間は自分の意志を働かすことはできないのに、他方この世界のあらゆる苦難をこうむらねばならない、と想定した場合、何が彼を幸福にしうるのであろうか。
この世界の苦難を避けることができないというのに、そもそもいかにして人間は幸福でありうるのか。[15]

自分の意志の力で事態を変えていくことはできない、それでも苦しみや悩みは無慈悲に降りかかってくる、という想定は荒唐無稽ではありません。なぜなら、よくよく考えれば、私たちの生きる世界がそのようなものだから。実際、眼前のいくつかの出来事をコントロールできたと思っていても、広大な因果連鎖を見通すことはできず――サタンが強調したように――私たちは自らのコントロールを超えた仕方で「不幸」に陥ってしまいます。そして私たちは、人間のこうしたあり方を、すなわち《ひとは自らの制御を超えた仕方で苦しみや悩みに見舞われる》というあり方を、変えることはできないのです。

したがって、仮に超越的な次元において何かしらの幸福が可能であるとしても、それは私たちの形而下の「不幸」を減じたりするものではありません。この意味で、超越的幸福は何も変えない。とはいえそれは一切を変える。ウィトゲンシュタインは、先の引用の「そもそもいかにして人間は幸福でありうるのか」という問いに対して、次のように答えます。

まさに認識に生きることによって。
良心とは認識の生が保証する幸福のことである。
認識の生とは、世界の苦難をものともせぬ幸福な生である。[16]

---

[14] ウィトゲンシュタインの文章はそれ自体としては相当の解釈の多様性をもつ。それゆえ、彼自身の理解を云々したいのであれば、相当量の二次文献を読む必要が生じる。
[15] ウィトゲンシュタイン「草稿1914－1916」、269頁。「1916年8月13日」の草稿
[16] ウィトゲンシュタイン「草稿1914－1916」、269頁。「1916年8月13日」の草稿

ここでウィトゲンシュタインは、認識に生きることによってひとは幸福たりうる、と述べています。だがこれはどういう意味でしょうか。

「認識」とは、思うに、世界をしかと「見る」ことであり、《ある個別的な出来事が起こるか否か》に振り回されることなく、そこから一歩退いて、《すべてはあるがままにあり、起こるがままに起こる》という仕方で一切と向き合うこと。こうした「認識の生」を生きるときには、不確かな未来をめぐる不安や取り返せない過去をめぐる後悔は消滅し、そして現在の現実が永遠なるものと接続し、「安心」が湧き起こる。実に引用の「良心」は何らかの「安心」を意味するものと読むことができ、引用の二文目は《すべてをあるがままにあると見る生は「安心」という幸福を保証する》と述べるものと解されます。[17]

このように——ウィトゲンシュタインの文章を踏まえた私の主張ですが——苦しみに満ちたこの生を私たちはしかと見ることができ、そしてそれによって個別的な出来事の成否に左右されない「安心」の幸福が可能になるのです。いや、より正確に言えば、《私たちがそうした仕方で見る／見ない》は個別的な出来事であり、これを超えた次元につねにすでに《すべてはあるがままにある》という境域は開けている。この意味で、私たちはみな、私たちを待ち受ける幸福に包まれているのです。

今や重要になるのが、以上のような幸福は語ることのできないものであり、私たちはすでに語り過ぎている、という点の自覚です。というのも――核心的な点だが――「すべてはあるがままにある」と述べることには無視できない矛盾が含まれているので。実際、このように言ったり考えたりするとき、ひとは動作や変化という〈ものをあるがままに留めない出来事〉がありうる領域に居らねばなりません。なぜなら、言うことや考えることは動作や変化の可能性を、さらに言えば時間性を前提するからです。この意味で「すべてはあるがままにある」と不条理なく述べうる境域は私たちの手の届かないところにあり、そのため《すべてはあるがままにあり、安心の幸福が私たちを包んでいる》ということも根本的には私たちの語りうることではないのです。いや、ふたたび正確に言えば、「すべてをあるがままにあると見るような超越的次元に幸福は姿を現す」という語りには、それが語っている以上のことが「示さ」れている。要するに、ここにおいて私は幸福を、私が語ろうとしている種類の幸福を、語り尽しているわけではないのです。

ウィトゲンシュタインは、〈語りえぬもの〉を「神秘」を呼び、それを大切にする姿勢を重視しました。例えば曰く、

---

[17]「良心」の原語である“das gute Gewissen”は、「知ること（Wissen）」や「確実性（Gewissheit）」に通じ、〈知ることによって不確実性の苦しみが解消された良い状態〉を指すと考えたくなる。

もとよりことばには出せぬこともある。それはみずからを示す。それがすなわち神秘的なるものである。[18]

私は、敢えて矛盾に陥りつつ言えば、《幸福は神秘的だ》と主張したい。ウィトゲンシュタインが幸福に「記述可能なメルクマール」は無いと述べたのも、これと同じように考えていたからかもしれません。いずれにせよ何よりも重要なのは、私たちを「超えた」語りえぬものが在るということへの気づきです。ひとはみな、あるいは病に苦しみ、あるいは他者に傷つけられ、あるいは罪を犯し、あるいは挫折し、あるいは愛するひとを失い、あるいは貧困に追われ、あるいは虚しさに窒息し、あるいは欲望の奴隷となり、それぞれの老いを経て死んでいく、または不慮の出来事のために死んでしまう。だがこれがすべてではない。そして、これがすべてではないと「語る」とき、私たちはこの世の不幸を圧倒する何かに触れることになるのです。

[18] ウィトゲンシュタイン『論理哲学論』、222頁

第12節　信仰の重要性

（1）現実から目を逸らさぬこと

すべてはあるがままにある、という境地における安心の幸福――前節ではこれがどのようなものであるかに触れました。いま一度ウィトゲンシュタインの言葉を引き、それに即して私が大切だと思う「超越的幸福」の内実を説明したい。曰く、

時間の中ではなく、現在の中で生きる人のみが幸福である。

現在の中での生にとって、死は存在しない。

死は生の出来事ではない。死は世界の事実ではない。

もし永遠ということで無限な時の継続ではなく無時間性が理解されているのなら、現在のなかで生きる人は永遠に生きる、と語ることができる。

幸福に生きるためには、私は世界と一致せねばならない。そしてこのことが「幸福であ

る」と言われることなのだ。[1]

実に、《ある個別的な出来事が起こるか否か》を不安に思ったり《あんなことしなければよかったのに》と後悔したりすることは、「時間の中で」生きることである（なぜなら未来や過去に拘っているので）。逆に、無時間的な仕方で現在を生きるとき、一切はまさしくそれで「ある」ところのものとなり不滅のものとなる。そして、死という無あるいは消滅は、世界の内部に居場所をもたなくなる。こうした境地において、私の人生と世界は〈あるがままにあるもの〉になり、内的な不調和や不和もなくなる。これがある意味で《私と世界が一致すること》であり、こうした仕方に伴う安心がここで言う「超越的幸福」です。

同じ点の説明をもう少し続けましょう。

《すべてはあるがままにある》という境地の幸福は、私たちがそこへ目を向けるか否かにかかわらず、そしてそもそも人間の個別的行為の如何にかかわらず、個々人を「超えた」仕方で、つねにすでに私たちを包み込んでいます。もちろん、私たちがこの意味で幸福であったとしても、形而下の不幸はまったく減りません。例えばヒトラー暗殺に失敗したシュタウフェンベルクとその関係者は逮捕され処刑されたり強制収容所に送られたりしました。[2] ここで「そんな彼ら・彼女らでさえ超越的な意味において幸福であったのか」と問われれば、私は「然り」と答えるでしょう。私は自分自身の声として、あれほど苛酷な状況にあった彼ら・

彼女らにとってすら訪れている幸福があるのだ、と言いたい。人間はつねに「救われうる」のだ、と言いたい。これが――比喩的に言えば――「まったく腹の足しにならない」幸福だということは自覚していますが、それでも救いの可能性と現実性がつねに在るのです。

是非とも強調したいのは、超越的幸福が、〈現実から目を逸らすこと〉から生じる偽りの「幸福」とまったく異なるものだ、という点です。

第3節で私は、日常的な幸福の根底には〈現実から目を逸らす〉という心理的態度がある、と指摘しました。なぜなら、現実をしかと眺めれば、私たちは自分の邪悪さや惨めさに気づかざるをえないからです。その結果、ひとはしばしば、幸福になるために（すなわちかりそめの幸福感を得るために）、現実から目を逸らし自己を騙（だま）す。だが、動機はどうあれ、それは欺瞞です。私たちは現に邪悪であり惨めなのだから、自分をそのようなものとしてしかと見ればいいではないですか。そして――同時に強調せねばならない点として――これほどまでに「打ち捨て」られた私たちなのですが、ただ打ち捨てられたに過ぎないものでもありません。すなわち、私たちの邪悪さと惨めさをその通りのものとして照らす光が「超越的な」次元から射し込んでおり、私たちはそのままの形で赦されており救われている、ということで

［1］ウィトゲンシュタイン「草稿1914－1916」、257－258頁。「1916年7月8日」の草稿

［2］野田『大世界史24 独裁者の道』、334－335頁

す。九鬼周造が「すべてが詩のように美しい」という言葉で述べようとしたことが、これなのだと思います。

以上は――これまた前節終盤でも強調しましたが――本当に〈語りえぬこと〉なのだ、という点も無視するわけにはいきません。実際、私は、手を変え品を変え《すべてはあるがままにある》といういわば「真如」の境地を語ろうとしているのですが、まさにそう試みることによって〈ものをあるがままに留めない活動〉に取り組んでしまっている。ちなみに膨大な量の著作を残した仏教思想家・鈴木大拙は晩年に「自分は多くを言い過ぎたようだ、そして真如は無限のかなたに去ってしまった」と述べたようですが[3]、思うに、鈴木は〈真如の語りえなさ〉を絶妙に捉えている。とはいえ、こうした言語の限界の自覚は、さらなる重要な側面をもってもいるのです。というのも、何かしら語り尽せぬものが存在するのだという気づきは、私を生の虚しさあるいは「ニヒリズム」から救うからです。

本節と次節は、幸福が人生の意味だ、と主張することを目指します。実を言えば――案の定かもしれないけれど――この事態も〈語りえぬこと〉です。とはいえ私は、それを何らかの仕方で「示す」ことはたいへん重要だと考えてもいる。では《幸福が人生の意味だ》とはどういう意味でしょうか。とりわけ、ここでの「幸福」が超越的な境地における安心を意味するとき、「幸福こそが人生の意味だ」というテーゼは何を意味するのか。以下では、この点を一歩ずつ説明していきます。

本節の議論は以下の順序で進みます。はじめに、「意味」というものにとって〈超越への信仰〉が本質的に重要である、という点を確認します。その後で――「信仰」というのはアイロニーに反する態度に見えるかもしれないので――〈信じること〉と〈一歩退く疑い〉の間の関係を論じます。本節全体を通して示したい点は、私たちを超えた「何か」を信じることが人生に大きな違いを与えうる、ということです。

（2）信仰の重要性

《すべてはあるがままにある》という永遠的境地に立つことはきわめて大切なことなのですが――繰り返し指摘するように――本質的に時間的な存在である私たちはそこに「純粋に」立つことができません。これは、私たちの生の営みが「幸福」という何かしらの終局的地点で幕を閉じるということはない、ということを意味します。すなわち、私たちは誰も自分の「最後の言葉」を決めることができず、生の続く限り語り続け、最後は自己のコントロールを超えた力によって話を中断される、ということ。

実際、「超越的幸福」のあり方を突き止めた（と私が解釈する）ウィトゲンシュタインでさ

［3］上田閑照「鈴木大拙における「東洋的な見方」」（鈴木大拙著、上田閑照篇『東洋的な見方』、岩波文庫、1997年、所収）、348頁

えその後の形而下の人生を生き続けねばならず、田舎の小学校で教師を務めたり、博士号をとるために準備したり、恋愛のことで悩んだりせねばなりませんでした。結局のところ《この個別的な生をどう過ごすか》という問いから私たちが完全に解放されることはないのです。では――あらためて問うと――私たちはどう生きるべきか。この問いを前にして、私たちはふたたび「超越」の話題へ立ち戻ります。私は、自分を「超えた」何かを信じて生きることが、すなわち超越へのある種の「信仰」をもって生きることが重要だ、と言いたい。

この点を説明するために私自身のことを語らせてください。いつの頃からか、私は何かを求めてきました。その「何か」が何であるかまったく分かりませんでしたが、求め続けることによって大切なものに行き着くのではないかと考えていました。まともな人生のレールを踏み外しつつも同時にそこにしがみつこうとして、ときに大きな失敗をしながら、それでも自分は何か重要なものに向かって進んでいるのだと信じて一歩ずつ歩んできました。

《ひとは何のために生きているのか》を悩み始めた大学の学部生の頃、私の心に響いたのがマーク・トウェインの『不思議な少年』でした。人間の暗い側面を包み隠さず描き出そうとする姿勢にかえって好感を抱きました。トウェインの小説を読み、「たしかに人生には何の意味もないかもしれないな」などと思うこともありましたが、「いや、それでも……」と考えてしまう自分もいました。

中島敦の「李陵」や「悟浄出世」(後で取り上げられる)もその頃に読みました。そこでは

《自分は何のために生きているのか》にひとが悩むさまが如実に描かれており、苦しいのは私だけではないのだとほっとしたことを覚えています。

ラッセルの『幸福論』やパスカルの『パンセ』も学部時代に読みましたが、はっきり言って要点が何ひとつ分からなかった。自分の力で哲学書を理解する素地が無かったということでしょう。それでも《現代社会において科学者が最も幸福だ》というラッセルの指摘は妙に心に残るものでした。

大学院に入りハイデガーの『存在と時間』を四年かけて読むという読書会に参加することになりました。「超越」という概念を知ったのはそのときだったと思います。以来、カントを読むときも、「超越／内在」の区別がたいへん気になるようになりました。

修士課程から博士課程にかけてよく読んだのが中島義道の諸著作です。彼は『ウィーン愛憎』という本で自身のウィーン生活のことを書いているのですが（私はそれを新書版と文庫版の両方で読んだと思う）、彼の〈自分をぶつけてくるような書き方〉にはどこかしら「しびれる」部分がありました。否定しようのない真剣さが感じられたからです。

博士課程に入った頃、《そもそも日本人とは何か》という関心が増大したためでしょうか、歴史に関する本、とりわけ近現代史を扱った本を読むようになりました。また、ときの総理大臣・小泉純一郎が時代の閉塞状況を打開してくれるのではないかと期待し、自民党を応援するところもあったので、保守系の論客の書いたものも読むようになりました。渡部昇一や平泉澄の名前を知ったのはあの頃だった気がします。その後、時を経て、自民党に当時抱いていた期待はほとんど誤りであったことに気づかされましたが、渡部や平泉の著作は今でもたまに繙くことがあります。

博士論文は戸田山和久や森村進が採っているようなスタイル（ときに「分析系」と呼ばれる）で書きました。なぜなら当時の私は、これこそが現代哲学の書き方だ、と考えていたから。とはいえ、博士論文を著書として公刊した頃から、そのスタイルの論文や本を書けなくなってしまいました。心の底で、このスタイルはどこか歪（ゆが）んでいる、という声が鳴り響いていました。違ったやり方をせねばならない、と感じざるをえなかったわけです。

〈書けない〉というのは学者にとって辛い。あるいは、むりやりにでも「分析系の」スタイルの論文を量産すべきだったでしょうか。そうすればもっと多くのアカデミックなキャリアを積むことができていたでしょうか。とはいえ、不本意な仕方で書くことは、学者にとって〈死んでいるようなこと〉です。いや実際には、私は当時、書かなかったわけではなく、文字通り「書けなかった」のですが。完全に道に迷っていたわけです。

一筋の光明が見えてきたのは、ネーゲルの論文「人生の無意味さ」を永井均の訳で読んだとき。すなわち、〈一歩退く〉やアイロニーというネーゲルの概念が、これまで私がやってきた諸々のことと、これから新たにやっていけることとを結びつけ、私の「求めてきたもの」に輪郭を与えたのです。

私は書けるようになった。そして、これまでバラバラに読んできたもの――トウェイン、ラッセル、パスカル、ハイデガー、中島敦、中島義道、渡部、平泉など――がそれぞれ新たな意味を得て、私の思考の中で繋がりをもって動き始めました。さらにウィトゲンシュタインの『論理哲学論』と『草稿1914‐1916』を読んだことは、私の思想に立体感を加えることになりました。そして私はいま、ノート型パソコンに向き合いながら、点と点が結びついて出来上がった線を言葉として紡いでいるのです。

以上のストーリーにおいて押さえておいてほしいことは、例えば19歳の私が『不思議な少年』を読んでいたとき、20年後に幸福と人生の意味をテーマとする本でこの小説に言及することになるなど思ってもみなかった、という点です。加えてハイデガーやふたりの中島や平泉が何らかの仕方で互いに結びつくということも考えたことはありませんでした。実にたったいま用いた「点を結びつけること（connecting the dots）」という表現は、スティーブ・ジョブズが2005年にスタンフォード大学で行なった有名なスピーチに登場するフレーズなのですが、この実業家はいま指摘した点に関連して次のような言葉を残している。

［…］点は前もって結びつけることができず、後から結びつけることしかできない。それゆえ、あなたがすべきことは、諸々の点が自分の将来に何らかの仕方で結びつくことを信じることである。何かを信じねばならないのだ。それがあなたの胆力であれ、運命であれ、

生命であれ、業であれ、何であれ。[4]

ジョブズは《人生において何と何が結びついてくるかは、前もっては分からない》と指摘しています。とはいえそれだけではありません。彼は続けて《大事なのは何かを信じることだ》と述べ、明確に語りえない何かへの「信仰」が人生において本質的な役割を担うことを強調します。たとえ周囲から「もっと手堅い道を進みなさい」や「お前のやっていることは意味不明だ」などと言われたとしても、神秘的な何かの声を信じて自らがそのつど本当にやるべきだと思うことに専念すること――こうした「信仰」と呼びうる姿勢に導かれた結果として、離ればなれだった点はあるとき線になり、意味のある何かが生まれることになるのです。

とはいえ、〈何かを信じること〉がジョブズに訪れたような「大きな」職業的成功を確実に齎(もたら)すというわけではない、という点は見逃してはならない。第8節で紹介した哲学者の田島正樹は、ジョブズのスピーチに触れ、はたして彼の言葉は「成功者だからこそ言えることにすぎない」のではないかと問い、以下のように答える。

> しかし、ジョブズの話に真の重みを与えているのは、成功の約束でも、自分の成功体験でもない。たしかに彼の「成功」は途方もないもので、人はそれに目を奪われがちである

が、若者は誰でも、彼のようにはうまくは行かないことにすぐに気づくだろう。しかし、そのときにこそ現れてくる真の教訓がある。己れの一生をそこに捧げても悔いのない運命の声に忠実であれ、ということだ。[5]

田島の言いたいことのひとつは次です。すなわち、神秘的な何かへの信仰に導かれ、ひとつずつ点を打っていく地道な日々を積み重ねていくならば、たとえジョブズのような成功に至らなくても、何かしらの「意味」が形作られる、と。このように考えたうえで彼はジョブズの言葉から引き出しうる真に重要なことを《結果の如何によらず、超越的な声を信じてそれに身を捧げることはそれ自体として裏切りのない価値をもつものなのだ》と捉える。かくして田島は次のように言います。

されば、失敗の中にも、成功と同じ程度の稔（みのり）があるだろう。信仰が約束するものは成功ではなく、人生の意味である。[6]

［4］原文は例えば https://news.stanford.edu/2005/06/14/jobs-061505/ にある。翻訳は山口による。
［5］http://blog.livedoor.jp/easter1916/archives/52227101.html
［6］http://blog.livedoor.jp/easter1916/archives/52227101.html

私たちが信じうることとは、神秘的な「超越」の声を信じてそれに身を捧げて生きることが、あらかじめ予期しえないような意味を作り出す、という事柄です。逆に、自分を「超えた」何かへの信仰がまったく欠けている場合には、分かりやすい享楽に没頭して振り返れば「虚しさ」しか残らないということがある。たしかに理屈のうえでは、「超越」を信じても結局は何にもならなかった、ということは起こりえます。とはいえ、《信仰の果てには何かがあるのだ》と信じること――このことも信仰の一部なのです。

以上の考察は、第3節で紹介した《どうせ死んでしまうので人生は無意味だ》とする中島義道の議論の「間違い」を明らかにするわけではないですが――そもそも哲学的指摘として提示されたテーゼが完全に間違うことはありません――、そこに特筆すべき留保を付け加えます。たしかにすべては過ぎ去るのであり、私たちはみな必ず最後は死という絶対的消滅に至る。この観点から考えれば、人生の途中の過程がどのように行なわれようとも、結果はすべて同じだ、と言わざるをえません。

とはいえ、いずれ死へ沈み込んでいく生の淵においてこれまでひとつずつ打ちこんできた点を振り返ると、(田島の用いる比喩ですが)星座のように何かしらの図形が意味をもって立ち現れます。もちろん個人が生きた過程はいずれ誰にも顧みられぬようになり、あたかも存在しなかったかのように消え去っていくでしょう。とはいえ、はかない生の時間の内部においてだけかもしれませんが、《どう生きてきたか》は大きな違いを生むのです。

（3）信仰とアイロニー

いや、一歩退いて考えれば、点が線になって意味が形作られたからといって、それが何になるというのか――と本書の読者は問うかもしれません。なぜなら私はここまでさんざんアイロニーの重要性を強調してきたからです。はたして信仰と狂信はどう区別されるのか。この問いに対して私は、信仰とアイロニーは両立する、と答えたい。実に、ある意味で、信じることは同時に疑うことです。以下この点を、中島敦の『悟浄出世』に即して説明したいと思います。はじめにこの小説における本節の内容と関わりのある個所を紹介し、その後で信仰とアイロニーの関係を考察しましょう。

『悟浄出世』のあらすじを最大限粗っぽく言えば、沙悟浄が人生の意味の問題に悩み、いろいろな妖怪に相談をしに行く、というもの。先述のように私は学部生の頃からこの作品を愛していますが、その理由は本作が〈作者自身の悩んだ経験に裏打ちされているようなリアリティ〉を感じさせるからです。例えば、《どう生きるべきか》をめぐって悩むという「病」に罹った悟浄に対して、「医者でもあり・占星師でもあり・祈禱者でもある・一人の老いたる魚怪」が次のように言います。

やれ、いたわしや。因果な病にかかったものじゃ。この病にかかったが最後、百人の中九十九人までは惨めな一生を送らねばなりませぬぞ。元来、我々の中には無かった病気じやが、我々が人間を咋うようになってから、我々の間にも極く稀に、これに侵される者が出て来たのじゃ。この病に侵された者はな、凡ての物事を素直に受取ることが出来ぬ。何を見ても、何に出会うても『何故？』とすぐに考える。究極の・正真正銘の・神様だけが御存じの『何故？』を考えようとするのじゃ。[7]

私もまた「こんなことをして何になるのだろう」という疑問にとりつかれ、暗い森の中を歩いているような鬱々とした気分に悩まされたことがあるので、魚怪のこの言葉は心に響きます。そして作者の中島敦も同じように苦しんだのだろうなと考えてしまいます。それゆえ、本作には「何か」あるに違いないと信じ、これまで何度も読み返してきました。

細部を見る暇はないのですが、いろいろな妖怪に相談しそして失望させられた悟浄が最終的に辿り着いた「女偊氏」と呼ばれる仙人のことは、本書でもしっかりと取り上げねばならない。なぜならこの妖怪の言葉は、私たちが本節で見てきた「信仰」に関わる事柄を表現しているからです。女偊氏は、人生の意味をめぐって迷う悟浄に対して、以下のようなある妖精の話をする。

これは大変小さなみすぼらしい魔物だったが、常に、自分は或る小さな鋭く光ったものを探しに生れて来たのだといっていた。その光るものとはどんなものか、誰にも解らなかったが、とにかく、小妖精は熱心にそれを求め、そのために生き、そのために死んで行ったのだった。そしてとうとう、その小さな鋭く光ったものは見付からなかったけれど、その小妖精の一生は極めて幸福なものだったと思われると女偶氏は語った。[8]

この小妖精の生涯は――本書の用語を使って言えば――当人にも理解できない神秘的な何かの声に導かれています。その「小さな鋭く光ったもの」が、本当に、文字通り小さく・鋭く・光っているかすらも、おそらく本人にはよく分からなかったにちがいありません。とはいえ彼女あるいは彼はそれが大切なものだと信じていた。魔物は、余命がもはや十分でないことを意識するとき「目標は達成されなかった」などと諦めの念を抱いたでしょうが、同時に《それでも求めて努力したことは良かった》と感じていたと思います。これが、信仰が約束するところの人生の意味です。

女偶氏の続く言葉も紹介せねばならない。これは第3節で触れた「本物の熱意」なるラッセルの表現をどう解すべきかに関するヒントを与えてくれます。仙人曰く、

［7］中島敦「悟浄出世」(『山月記・李陵 他九篇』、岩波文庫、所収)、137頁
［8］中島「悟浄出世」、156頁

聖なる狂気を知る者は幸じゃ。彼は自らを殺すことによって、自らを救うからじゃ。聖なる狂気を知らぬものは禍じゃ。彼は、自らを殺しも生かしもせぬことによって、徐々に亡びるからじゃ。[9]

ここで女偶氏は、「聖なる狂気」にある者は自らを殺すことによって自らを救う、と言っています。すなわち、語りえぬ超越に導かれるひとは、自らがよく分からないものに身を捧げねばならないので、この意味で「自らを殺す」ことになるでしょう。実に、かかる「狂気」を具えたひとの「熱意」は、〈惨めな自分の現実のあり方から目を逸らす〉ということを主目的とするものではありません。それはむしろ、自己のあり方などお構いなしに〈すなわち目を逸らすか否かなど関心外だということ〉、〈超越的な声の導く方へ向かう〉という前向きな姿勢なのです。[10]

とはいえ――さきほど触れた問いを今や提起できますが――はたして小妖精の状態は「狂信」ではないのか。すなわち、彼あるいは彼女は「小さな鋭く光ったもの」の価値を絶対視しているのであり、そこにはアイロニカルな態度など存在しないのではないか。少し前に述べたように、狂信と信仰の区別はいまだはっきりしない。いったい〈信じること〉とアイロニーの関係はどのようなものか。アイロニズムの重要性を説いてきた私に向けられうる核心的な問いは次でしょう。私は、本節で信仰の重要性を主張したことで、アイロニーを重視するという以前の立場を裏切ったのではないか。

答えは「否」。実に——予告したとおり——信仰とアイロニーは両立します。たしかに妖精を「外部から」見ればまさしく狂信に陥っているように見えますが、はたして「内部から」見ればどうなのでしょうか。私は、小妖精も（内側から見れば）アイロニズムを生きていたということが十分にありうる、と考えています。この点を説明すると以下のようになります。

考察の出発点は、女偶氏から妖精の話を聴いた悟浄はたいして感銘を受けなかった、というところです。すなわち「師の教の有難さは骨髄に徹して感じられたが、それでもなお何処か釈然としないものを残したまま、悟浄は、師の許を辞し」ました。[11] 小妖精が幸福であることは何となく分かるが、信仰の重要性を心の底から納得することはできなかったというわけです。

だが悟浄はその後、夢の中で観音菩薩から、玄奘とその二人の弟子が流沙河にやってくるのでそれに供して「大乗三蔵の真経」を授かる旅に参加せよ、というお告げを受けました。[12]

---

[9] 中島「悟浄出世」、156頁

[10] ラッセルの言う「本当の熱意」がこうした〈聖なる狂気〉を指しているとすれば、彼の幸福論は〈現実から目を逸らすもの〉ではなかったと言える。彼はこの点を踏み込んで説明していないのであるが。

[11] 中島「悟浄出世」、157‐158頁

このとき、すでに時は熟していました。悟浄は、なぜだか分からないが、玄奘たちについていくことには「何か」がある気がしてくる。彼は、「そりゃ俺だって、夢なんかが救済になるとは思いはしないさ」と断りつつも、「しかし、何故か知らないが、もしかすると、今の夢の御告の唐僧とやらが、本当に此処を通るかも知れないというような気がして仕方がない」と言ってしまう。[13] 今や悟浄は超越への信仰に導かれています。

私は、悟浄はアイロニカルな仕方で超越の声を信じている、と主張したい。いやむしろ、（本書の意味の）「信仰」をもつことは「アイロニー」という姿勢を要求します。なぜなら、信仰が向かうところの神秘を〈語りうるもの〉に引き下げてしまわないためには、すなわちそれを世界内部的な次元へ引き下ろしてしまわないためには、信仰者はその神秘的なものに関する自らの理解をつねに「疑わ」ねばならないからです。ここでは理解を固定するわけにはいきません。実際、悟浄は、玄奘一行に同行した後、〈疑いながら信じる〉という境地に到達し、以下のようにつぶやき続けます（以下の引用は『悟浄出世』の最後の部分）。

「どうもへんだな。どうも腑に落ちない。分らないことを強いて尋ねようとしなくなることが、結局、分かったということなのか？　どうも曖昧だな！　余り見事な脱皮ではないな！　フン、フン、どうも、うまく納得が行かぬ。とにかく、以前ほど、苦にならなくなったのだけは、有難いが[14]……。」

形式的には、〈一歩退く〉というアイロニカルな懐疑は内在を脱し超越へ向かう運動だ、と言えますが、ここで必ずや摑むべきは次です。すなわち、超越への信仰は、狂信とはまったく種類を異にするものだ、と。そもそも総統やグルや総理大臣や教会や政党などの世界内部的なものを絶対視することが典型的な「狂信」であり、真の意味の「超越への信仰」はこうした〈偶像崇拝〉を含みません。この意味で――ふたたびいささか形式的な言い方になりますが――アイロニーの姿勢を具えた者こそが、特定の世界内部的な価値から不断に距離をとろうとする運動を通して、超越への志向を維持しうるのです。――とはいえこう言ってしまうと「言い過ぎな」感じがするので、私は次のような「多くを語らぬ」言葉で本節を閉じたい。真の信仰は疑いすらもその一部としている、と。

[12] 中島「悟浄出世」、161-162頁
[13] 中島「悟浄出世」、163頁
[14] 中島「悟浄出世」、164頁

第13節　人生が幸福という意味をもつことを——

(1) 幸福こそが人生の意味である

自分を超えた語りえぬものの声を信じてひとつずつ点を打っていった末にそれらが結びついて何かしらの意味のある線が浮かび上がる——これは「人生の意味」に関して本書が大事にしたい見方のひとつです。《何が意味のあることなのか》は決して前もって分かるものではありません。それゆえ私たちができることは、超越のそのつどの導きを信じること、そして《導かれた先に何かが見つかるはずだ》と信じることだけ。信仰に導かれるとき、職業的成功などの「分かりやすい」基準に従えば落第点がつけられるかもしれない人生においても、点と点は予期せぬ線を作り上げる。ひたむきに点を打ち続けることが約束するものは、人生がこのような仕方で有意味であることです。

本節は——前節から続く主題ですが——《幸福こそが人生の意味だ》と主張します。だがこれはそもそも何を意味しているのかと言うと、それは、人生があるがままのあり方で救われており、あるがままの意味をもつのだ、ということ。もう少し説明口調で言えば、《一切があるがままにある》という境地において人生はまさにあるがままの意味をもつのだ、ということ。簡潔に言えば、人生はあるがままの姿で美しい、ということ。美において幸福と意味が交錯します。

以下では、いま形式的に述べたことを、歌人たちの生を見ることで具体的に確認しましょう。なぜ歌人かと言えば、歌は生を重要な意味で「あるがままに」捉えるひとつのやり方だからです。

(2) 超越の光に照らされて

河野裕子(かわのゆうこ)は現代の歌人であり2010年に亡くなりました。彼女は、京都女子大学で短歌会に所属し、在学中に角川短歌賞をとったりしている。その当時のことを、後に結婚することになる同じく歌人の永田和宏は以下のように回想しています。

［同人誌の］顔合わせの歌会の日、私が楽友会館の二階の部屋に入った時、窓際に一人の少女が立っていた。何という髪型なのだろう、両側の髪を耳の後ろからすくって、うしろでまとめ、上の髪はその上に垂らして、リボンで結んでいた。この髪型は、結婚してからも、子供ができてからも、ずいぶん長いあいだ変わらなかったように思う。[1]

引用からは歌詠み人の若さが伝わってきます。現に――そして自然なことですが――20歳の頃の彼女の歌は若々しく、例えば次のようものがある。

たとへば君　ガサッと落葉すくふやうに私をさらつて行つてはくれぬか

〈ひとをさらうような仕方で恋を成就させる〉などということは実際の社会では難しく（なぜなら諸々のしがらみがそのようなことを許してくれないから）、そうした「空想的な」ことを語ってしまうところがまさしく若さの現れであり、その点がこの歌の妙だと感じられます。本節の文脈に即して言えば、若さが若さとして現れ出ているところが美しい、となるでしょうか。

さて、恋にリアリティのある年頃を生きていた河野も、結婚し、子供を作り、次第に老いていくのですが、50代半ば、2000年の9月に左胸に乳がんが見つかります。そして、京大病院で「悪性」という診断を得て以来、彼女は病者として・死にゆく者として自らの生の物語を紡ぐことになる。告知を受けた直後の様子を河野自身は次のように振り返っています。

［…］鴨川沿いの道を車を運転して帰ったが、涙があふれてしかたなかった。私の人生の

残りの時間はあとどれくらい残っているのだろう。それまでに出来る仕事のことを考えずにはいられなかった。きらきら光る鴨川の水面が美しい。出町柳界隈を、いつものように歩いたり、自転車に乗って行き過ぎる学生達がまぶしい程若くいきいきと見えた。この世はこんなに明るく美しい場所だったのか。何故このことに今まで気がつかなかったのだろう。かなしかった。かなしい以上に生きたいと思った。[2]

自分は死にゆくのであるが、鴨川の水面はきらきらきらと輝いており、自転車に乗る学生たちはいきいきしている——これが河野の直面する現実のあるがままの姿であり、ある意味で残酷です。とはいえそこには嘘偽りがない。そして、率直な言葉とともに、世界のかけがえのなさ、世界の価値が、立ち上がっています。

手術は成功し、乳腺の3分の2が切除されたが乳房は温存されたかたちで「予後」を過ごすことになりました。そして2008年に河野は宮中歌会始詠進歌選者となったりもするのですが、同じ年、乳がんが再発し転移が見つかる。これは一般には〈治療しても完治しないかもしれない〉ということを意味します。もって数年かもしれない、ということです。

［1］河野裕子・永田和宏『たとへば君』、文春文庫、2014年、14頁、四角カッコ内は引用者補足
［2］河野・永田『たとへば君』、181頁

河野は病魔と闘いながらも徐々に弱っていく。身体の能力の低下がそれまでの日常を奪い、それに起因する「無能力感」が彼女の自尊感情を砕こうとする。とはいえ河野は、がんを患う自分を受け入れ、死の間近な自分を受け入れ、そのつど自己のアイデンティティを調整し苦しみに耐えます。この頃の歌は次です。

見苦しくなりゆくわたしの傍に居てあなたで良かつたと君ならば言ふ

解釈の多義性が鑑賞者を驚かせる歌ですが、味わえば味わうほど「君」への深い愛がにじみ出てきます。「君」は、病によって「見苦しく」なっていく自分を、全体として受け入れ、「自分が愛したのがあなたで良かった」と告げることができるひとなのだ、と。

2010年8月12日、河野は64歳の生涯を閉じることになります。死の前日のことを夫の永田が以下のように書き記している。

一時間ほども眠ったあと、ベッドの両側から見つめている私たち［永田と息子と娘］に気付いたようだ。不思議そうに眺めて、呟くようにゆっくり、かろうじて聞き取れるほどの小さな声で話し始めた。

「あなたらの気持ちがこんなに……」。

あっ、と思う。「ちょっと待って」と、すぐに原稿用紙を開く。歌なのである。「こんなにわかるのに」と、鉛筆を走らせる。しばらく時間があって、「言ひ残すことの何ぞ少なき」。

あなたらの気持ちがこんなにわかるのに言ひ残すことの何ぞ少なき

一首ができると、言葉が次々に芋づるのように口にのぼってくるようだ。十分ほどの間に、数首ができた。最後の一首は、

手をのべてあなたとあなたに触れたきに息が足りないこの世の息が

こんな風にして河野裕子は死の前日まで歌を作った。生まれながらの歌人だったのだと思う。[3]

死にゆく河野の歌は、つらさをつらさとして、悔しさを悔しさとして、ありのままのあり

［3］河野・永田『たとへば君』、282‐283頁、四角カッコ内は引用者補足

方で歌う。そうすることによって、彼女が生きている生がそうしたあるがままの意味をもつことを開き示します。重要なのは、ここでの「あるがまま」が〈それに尽きる〉ということを含意しない、という点です。そうではなくて歌においてはありのままが「輝き出し」ている。私はこの事態を、超越の光に照らされる、と表現したい。愛するひとと別れねばならない苦しみは本当に苦しみであるのだが、超越から射し込む光はそれをそのままの姿で輝かせます。一切は美しく、一切のものにはそれ自体としての意味がある。

(3) 永遠の相の下に

河野のことへの言及を通じて指摘したいことの要点を、私は「美において人生は幸福という意味を得る」と表現したい。これが「幸福が人生の意味だ」という本節のテーゼの謂いであり、私が「人生は必ずしも無意味でない」と言うときの主意です。ウィトゲンシュタインの芸術論もこれに関連する何かを述べているように(少なくとも私には)感じられます。彼曰く、

芸術作品は永遠の相の下にみられた対象である。そしてよい生とは永遠の相の下にみられた世界である。ここに芸術と倫理の連関がある。[4]

「永遠の相の下にみる」という表現は〈物事を無時間的にあるがままにあるものとして見る〉ということを意味し、引用の文章が指摘することのひとつは、芸術作品は《物事があるがままにあること》と関わっている、ということでしょう。この関わりが具体的にどのようなものかはいろいろな捉え方があると思われますが、私はこれを、芸術は（あるいは少なくともある重要なタイプの芸術は）生や事物をありのままのあり方で輝かせる、というものと解したい。そしてこの「輝き」が美なのだと言いたい。

ウィトゲンシュタインの文章の真意を捉えることは本書の作業の範囲を超えることであるので、ここで行なっていることはあくまで〈私自身の立場の提示〉なのですが、それでも、彼が美と幸福の間に何かしらの連関を見ていた、ということは事実だと言えます。例えば、彼問うて曰く、

世界を幸福な眼で考察することが、芸術的な考察方法の本質なのか。[5]

そしてすぐ後で曰く、

---

［4］ウィトゲンシュタイン「草稿1914–1916」、273頁。「1916年10月7日」の草稿

［5］ウィトゲンシュタイン「草稿1914–1916」、279頁。「1916年10月20日」の草稿

というのも美が芸術の目的である、とするような考えには、確かに何かが含まれているからである。

そして美とは、まさに幸福にするもののことである。[6]

幸福と美には何かしらの関連があるのだが、それはどのようなものか——という問いかけとしてウィトゲンシュタインの文章を読むとすれば、私はこれに次のように答えたい。人生と世界があるがままで意味をもつことを開き示すのが芸術であり、人生と世界をあるがままのあり方で輝き出させる光が美だ、と。この境地においては《別の仕方でありたかった》という願望や後悔は無く、むしろ《このようにあるのだ》という安心があります。これが「美とは、まさに幸福にするもののこと」のひとつの解釈です。

今や私は、人生は必ずしも無意味ではない、と主張したい。なぜならどのひとの生もそれ自体の意味をもつものとして輝きうるからです。このことを、前節で指摘したことと繋げれば、次のように言えるでしょう。すなわち、現実と向き合い、ひとつずつ点を打ち、一歩一歩進んでいけば、生はそれとして輝き出す、と。この意味の「人生の意味」への道は誰にも閉ざされていないし、たとえ失敗続きでも、たとえ他人に裏切られてばかりでも、現実にしかと向き合い一歩ずつ進み続けるとき生は輝きを放ちます。以下、あらためて歌人たちの生を見ることで、この点を確認しましょう。

（4）時間と事実

「歌人」と言ってもここから見ていくのはいわば〈小さな歌人〉です。そしてここでの「小さな」は、必ずしも〈年齢的な幼さ〉を意味するのではなく、〈生活において歌へ身を捧げる時間がそれほど長くない〉ということを意味します。実に、彼女らおよび彼らは定時制高校に通う者であり、多くは昼間働いており、もっぱらいわゆる「夜学」の国語の時間においてのみ短歌に取り組んでいます。とはいえ彼らおよび彼女らは、その限られた時間において、歌を通して現実にしかと向き合います。

以下では、神戸市のある夜間定時制高校で国語を教える南悟（みなみさとる）[7]の著書『生きていくための短歌』[8]を繙きながら、《ありのままの現実に向き合うときに生は輝きを放つ》という点を確認しましょう。

南は、夜間定時制高校に通う若者を前にして教壇に立つときに忘れてはならないことを、

[6] ウィトゲンシュタイン「草稿1914-1916」、279頁。「1916年10月21日」の草稿
[7] 現在（2018年度）は神戸こども総合専門学院勤務だが、本書では過去形の煩雑さを避けるため夜間定時制勤務時を「現在時制」で表現することにする。
[8] 岩波ジュニア新書、2009年

《彼女らおよび彼らがいろいろな困難な現実を抱えている》という点だと捉えます。すなわち、「定時制高校は、不登校やひきこもり経験生徒、暴走族経験生徒や［…］障害を持つ生徒、外国人や在日外国人生徒、中高年生徒などが人間の再生をかけて、また、人が人らしく生きたいと願い、人間の尊厳を取り戻す場所」であり[9]、教師はかかる理解のもとで授業を行なう必要がある、ということ。南は、そうした生徒たちの生の軌跡を何らかの形で書き留めておくことはできないかと考え、短歌創作の授業を始めました。

こうした創作の授業に関わる忘れることのできない古い出来事として、南は「久保木君」という男性にまつわる以下のようなエピソードを書きます。すなわち、久保木君は毎日授業に出席するのだが、私語が多い。繰り返し注意しても静かにならない久保木君に南はカッとなって「いいかげんにしろ」と襟首をつかんでしまう。すると、

私の右手の指先に油の匂いが染み付きました。「久保木君、働いているんだね、何の仕事？」。彼は答えずに周りの生徒が、「鉄工所や、そんなことも知らないのか」。うかつにも私は、生徒が昼間何らかの仕事に就いていることを、漠然としか理解していませんでした。そういえば、久保木君はいつも油まみれの作業服姿で、機械油の匂いをかすかに漂わせていたのです。[10]

「これではいけない」と反省した南は、久保木君に頼んで、彼の職場を見学させてもらう。訪ねていくとそれは「運河沿いの古びた鉄骨スレート造りの、小さな平屋建て」であり、裸電球しかない暗い部屋で生徒はフライス盤に向き合い切削加工に取り組んでいました。[11] このとき南は学校にやって来たときの久保木君の「疲れ」に気づきます。そして「学校へ来て若い同世代の仲間に交わって初めて、気分転換がはかれるのでしょう」と考えます。[12] すなわち、久保木君にとって現実は目を逸らしたくなるようなところがあり、同世代のいる学校ではどうしてもはめをはずしたりふざけたりして気分を変えたくなってしまう、ということ。職場の社長は彼について「一人前の職人です」と言ってくれるのだが、[13] それもまた自分自身のアイデンティティにはまだしっくりきません。

こうした久保木君が二年かけて作った歌を南は同書で紹介しています。

工場の昼なお暗い片隅で一人で向き合うフライス盤

[9] 南『生きていくための短歌』、21頁
[10] 南『生きていくための短歌』、44－45頁
[11] 南『生きていくための短歌』、45頁
[12] 南『生きていくための短歌』、45頁
[13] 南『生きていくための短歌』、45頁

私は、ここには事実がつまっており、ずっしりと重い、と言いたい。実に、久保木君の歌では「自分はこのようにして生きてきたのだ」そして「自分はこのようにして生きているのだ」ということが率直な言葉で歌われているのですが、ただそれだけに尽きず、いわば生が「結晶化」されています。歌によって彼が日々打ち込んでいる「点」が一定の輪郭を得て輝き出す、ということです。

注記せねばならないのは、「歌にすればどのような生も意味をもって輝き出す」などの素朴で不正確なことが言われているわけではない、という点です。むしろ、歌で生が輝くためにも、その前提として、時間をかけること、ひたむきに取り組み続けること、日々を積み重ねることが必要なのです。例えば、たったいま久保木君が「二年かけて」歌を作ったことに触れましたが、彼も初めのうちはフライス盤に向かい続ける自分の生をほとんど肯定できませんでした。南曰く、

定時制高校生の多くは、自分が仕事をしていることを恥ずかしがり、隠すようにさえしていました。多くは、中学校の同級生が通う全日制の高校に行けなかった悔しさを抱え、定時制高校に学ぶ自分に自信がもてないのです。[14]

すなわち、世間が当たり前と見なす「レール」を基準にすると夜学に通う生徒はそこから「脱線」した者であり、彼女らおよび彼らを〈失敗した者〉と見る世人の眼は、彼女らおよび彼らが自己肯定感をもつことに関して深刻な問題を引き起こします。そしてこれは本当に「深刻」なものなので、《歌えばどんな人生もただちに輝く》などと単純に述べることはできません。

とはいえ——私の譲れない指摘ですが——時間をかけて辛抱強く取り組むことはいつしかはっきりとした「線」を形作ります。久保木君は二年の間、働き続け、自分の生を積み重ねてきました。久保木君の歌には、そのありのままが描き出されており、それが輝き出しているのです。要点を繰り返せばここで主張されているのは、《歌は手軽に生を輝かせる手段だ》ということではなく、むしろ《ひたむきに生きた軌跡は、歌われるか否かに関わらず、何かしらの仕方で輝きうる事実の重みを得る》ということです。

まとめましょう。久保木君は、昼間の学校に通う同世代の若者の暮らしと比較して、日中フライス盤に向かって夜勉強するという自分の暮らしを「劣ったもの」・「ちっぽけなもの」・「馬鹿ばかしいもの」と感じていたかもしれません。これに対して私が「そんなことはないよ」と諭したとしても無意味なことだと思われます（なぜなら、この場合、彼自身がそう感じ

[14] 南『生きていくための短歌』、46頁

ているのだから)。とはいえ、半ば生活上の必要に強いられたためかもしれませんが、彼は工場で働く日々を積み重ね、ひとつの「事実」を作り上げました。それは、彼がそのようにして生きている、という事実です。そして歌が行なうことは、この事実を三十一文字に「結晶化」することです。実際、彼の歌は、彼の生を、ありのままの意味をもつものとして輝き出させる。そしてそれは、久保木君のやってきたことが、そしてやっていることが、決して無意味ではないことを示すのです。

南の本には、それぞれの仕方で困難を抱えた夜間定時制高校の生徒の歌が数多く紹介されており、どれもそれ自体の〈事実の重み〉を具えています。いくつか見てみると、[15]

定時制自分の感性育てられ勉強苦手も馬鹿にはされない

朝早く現場に出ては疲れ果て指落としたり爪はがしたり

母が死に父は失踪兄と俺夜学四年目今生きている

《どの歌も私たちを感動させる出来だ》などのそれほど本質的でない事態を超えて、むしろ《どの歌においても事実が意味をもって立ち現れている》という点に注目したい。例えば一首目は、〈馬鹿にされないこと〉に関する詠み手自身の喜びを表現しているだけでなく、《長い間勉強が苦手で馬鹿にされてきたが今やそうしたことで馬鹿にされることはない》という事実を示し上げています。それはある意味で「たんにそれだけの」事実なのですが、それでも限りない意味をもって輝いています。

夜間定時制高校に通う生徒たちは――もちろんいろいろな例外があるでしょうが――それぞれの仕方で「不幸」を抱えています。彼らあるいは彼女らはあたかも《十代半ばから大人の生に投げ込まれている》と言えるかのように、子どもにふさわしくないと言いうる類の〈つらさ〉・〈苦しみ〉・〈悔しさ〉・〈気苦労〉がその暮らしを覆っています。それゆえ彼女らあるいは彼らの暮らしに関して「それもまた幸福なのだ」と述べることはほぼ必ず無責任になるでしょう（なぜならこうした言葉は支えることや支え合うことの不必要さを意味しうるから）。

とはいえ――本書が主張しようと努めてきたことですが――彼らあるいは彼女らがひたむきに生きて日々を積み重ねるとき、ウィトゲンシュタインの言うところの「芸術的な考察方法」（例えば歌など）はその生の軌跡を《それはまさにこのようにあるのだ》という安心の中で描き出します。例えば、先に引いた二首目の「指落としたり」や三首目の「母が死に父は失踪」はいずれもとんでもない出来事ですが、芸術はそれを「見捨て」たりしません。すな

［15］南『生きていくための短歌』から。一首目は12頁、二首目は83頁、三首目は１４２頁

わち、不幸な出来事は不幸なものとして超越の光に照らされ、救われうるのです。

たしかにこうした境地においてはもはや言葉は無力になっているので、「指を落とした生徒もある意味で幸福なのだ」などと語ることはかえって的を射ない発言になってしまう。とはいえ、歌が示してくれている事柄だと私は信じるのですが、語りえぬ仕方において、苦しみに溢れた生もまたそれとして救われうるのです。

第1節で「不幸なのに、どうしようもなく苦しいのに、死んだ方が楽であるのに、なぜ生きていかねばならないのか」という三谷尚澄の問いをとりあげました（そして本書も同様の問いに取り組むと宣言しました）。この問いに対して、私は結局、的を射た何かを言うことはできません。例えば——すでに指摘したように——「命は大切なものなので死んではダメだ」などと言っても的外れであることは避けられない。なぜならここでもまた言葉は無力になっているからです。とはいえ、言葉では摑み切れない事柄として、不幸な者さえも包み込むような何かが在るのではないか。いやこれは、私はそう信じる、ということ。死にたいときには「死にたい」と叫んでもいいのであり、ときにそう叫ばざるをえません。だがそうしたボロボロの自分を包み込む何かがあるのです。苦しみに耐えて一歩ずつ進むことを支える信仰は、それ自体で、何らかの意味と幸福を保証するのだ——と私は信じます。

最後に、例えば久保木君も自分にはよく分からない「何か」の声に導かれていたのだろう、というこれ自体私の信仰の一部になっている見方について説明させてください。先に紹介した歌を作るまでに彼が何年もフライス盤に向き合ってきたことはすでに何度か述べました。だがなぜ彼はそれを続けられたのか。

これについては〈生活のため〉や〈人間関係のために辞められなかった〉などのさまざまな理由づけが可能でしょうが、どれも《ひとが長い月日をかけて何かに取り組むこと》の十分な説明になっているようには思われません。私の考えでは、あるいは私の「信じるところ」によれば、そもそも〈何かに長い時間をかけてひたむきに取り組んでいること〉はそれ自体で〈信仰に導かれていること〉を示します。久保木君の生の軌跡は、彼の歌において結晶化されるような、何かしらの意味を形成しました。信仰が可能にすることのひとつは、時間をかけるということ。そして時間をかけることは「あるがままに」輝きうる事実をつくり、ひとを生の束の間においてですが永遠の次元に引き上げるのです。

結びに代えて

私はいま40歳です。幸福をめぐる独特な見方を公にした哲学者の青山拓央(たくお)は、幸福論の執筆と年齢との関係について次のように述べました。

私が本書を書いたのは、いまでなければこの本を書くことはできないと感じたからです。私は現在四〇代ですが、これは微妙な年齢であり、六〇代から見ればまだ若造で、二〇代から見ればもう年寄りです。社会のさまざまな場面によって求められる役割が大きく異なり——目下になったり目上になったり子になったり親になったり——そして、過去の成功体験だけで幸福を語ることも、未来への夢だけで幸福を語ることもできません。しかし逆に言えば、結果論にも夢物語にもならずに幸福について考えることのできる、望ましい年齢であるとも言えます。[1]

ここで青山は、40代という年齢のある種の〈中途半端さ〉を強調しつつも、《この中途半端さは幸福を語る際に有利な方向へ転じうる》と指摘しています。実際、幸福に関してはさまざまな「断言しがたさ」があるので、人生の半ばで悪戦苦闘する40代は、かえって幸福をめぐる割り切れなさをそれとして捉えうるのかもしれません。

以下では本書の結びに代えて（ここでの「代えて」は文字通りのことを意味する）、青山の議論を少しだけ取り上げつつ、何かしらの展望めいたものを提示したいと思います。

青山は、森村と同様に彼の著書において「快楽説」・「欲求充足説」・「客観的リスト説」などを取り上げるのですが、《これらのうちのどれが正しいのか》という単純な議論には参加しません。[2] 彼はむしろ、幸福については「それは……だ」と固定することのできない側面がある、と指摘します。そして彼は私たちが幸福の「共振的」側面に目を向けることの重要性を主張するのです。とはいえ「共振」とは何か。

青山は議論の出発点として、快楽がときに「幸福」と呼ばれること、欲求充足がときに「幸福」と呼ばれること、人生の客観的な良さがときに「幸福」と呼ばれることなどを認めます。そしてそのうえで《なぜこれらはときに同じく「幸福」と呼ばれるのか》を問う。これに青山はどう答えるかと言えば、途中の議論を省略して結論だけを紹介すると次です。す

[1] 青山拓央『幸福はなぜ哲学の問題になるのか』（太田出版、2016年）、266頁
[2] 実に青山は「もしこれらの説を、幸福とは……であり……だけが幸福であるという説として理解するなら、それらはすべて間違っています」と言う（『幸福はなぜ哲学の問題になるのか』、216頁）。

なわち、三要素がしばしば偶然に「尽きない」仕方で同時実現するからだ、と。青山は、この種のたまたまでない同時実現を「共振」と呼び、次のように指摘します。

快楽、欲求充足、客観的な人生のよさ――［…］これらはしばしば共振するのであり、人間という生物の自然史において、それは見逃せない事実です。生活の多くの場面にてこの三要素が共振するのなら、それらをひとまとめに呼ぶ言葉――「幸福」――をもつことには十分に意味があるでしょう。[3]

要点を繰り返せば、快楽・欲求充足・人生の客観的な良さは人間的生においてしばしば偶然的でない仕方で同時実現するので共通の名をもつ、ということ。大事な点のひとつは、ここでの青山の指摘は（森村などが論じる）「ハイブリッド説」の一種とは見なされない、というところ。なぜなら、ハイブリッド説の類は「幸福とは何か」へ特定の答えを与えようとするものですが、青山はそうした関心の外部に立って語っているからです。彼もまた、「幸福とは……だ」と語ることには無視できない歪みがある、と考えます。

私は以上の青山の立場をどう理解するのか。私は例えば彼が「共振」の事実を具体的に説明する次のような事例に注目すべき示唆があると考えます。すなわち、朝食にステーキではなくパンを選ぶとき、私は「何」の問いだけでなく、「なぜ」の問いにも多様に答えることができます。朝はステーキよりパンのほうが美味しい。パンのほうが食欲をそそる。朝食はステーキよりパンのほうが、健康的であり経済的である。[4]

この例は、ある意味で、幸福な生に典型的な〈豊かさ〉を指摘します（あるいは少なくとも私はそう主張したい）。快楽を得る「だけ」のためにパンを食べること、食欲を満たす「だけ」のためにそれを食べること、客観的に良いとされている状態を得る「だけ」のためにそれを選ぶこと――こうした「だけ」はしばしば人生を貧しくし、そしてそれをこの意味で「不幸」にするでしょう。幸福を快楽・欲求充足・客観的な良さのいずれかひとつに内属すると見なすことは、こうした問題を看過することに繋がります。むしろ、美味しいし、朝の食欲にちょうどいいし、健康だし、経済的だし、それに……と、パンの選択の理由が広がりゆき、何か「大きな」ものに包まれた状態にあること――これこそが典型的な幸福のあり方だと言いたい。

このように私は青山の言う「共振」を、固定的な「だけ」から離れて諸要素へ振れ動く広

［3］青山『幸福はなぜ哲学の問題になるのか』、220‐221頁
［4］青山『幸福はなぜ哲学の問題になるのか』、237頁

がりの中で生きることと理解します。そして彼の議論から《「だけ」に留まらない運動とそれによって得られる豊かさが幸福にとって重要だ》という見方を引き出したいと考えています。こうした仕方で私は青山をアイロニストと見なし、彼の思索をアイロニーと超越の哲学の実践と見なしたいと考えています。なぜなら、こう捉えるとき、彼の議論が本書で述べてきたことと接続するからです（これは少なくとも私にとって有意義なことです）。

とはいえ青山自身は私のこうした捉え方をどう捉え返すでしょうか。あるいは彼は本書の議論をどのように読むでしょうか。私にはまだ分かりませんし、そもそも青山に限らずどのひとについても《彼女あるいは彼が本書をどのように読むのか》は現時点では自信をもって語ることができません。このように言うことで何を指摘したいのかと言うと、それは《私の本はいかなる意味でも終着点ではない》ということ。この点を説明すれば以下のようになります。

私は本書において幸福と人生の意味についてさまざまなことを語ってきました。とはいえそれはこのテーマに関する私の「最後の言葉」たりえません。いや、より正確には、私は本書を幸福と人生の意味に関する自分の「最後の言葉」にすることができない、ということ。なぜなら、ある意味で当たり前のことですが、この本を書いた後も人生は続くからです――それが数十年であろうと、数日であろうと。

加えて、この本を読むひとにとっても、この本は「最後の言葉」たることができません。

なぜなら、各々が自分なりの仕方で本書の言葉を咀嚼（そしゃく）するためには、必ずや〈自分の頭で考えること〉および〈自分のやり方で一定の理解を形成すること〉が必要になるからです。この点は、とりわけこの本が「幸福」と「人生の意味」をテーマとしているために、輪をかけてそうなのです。実に、幸福や人生の意味を語る本ほど「結び」の言葉がふさわしくないものはない。なぜなら、頁を閉じたあとにも、幸福と意味をめぐる人生の旅は継続せざるをえないからです。

結局のところ、本書はそれ自体で「すがるべき」ものではない、ということです。なぜなら、本書は語りえぬことを語ろうとする試みであり、それでもって語りうることよりも大事な何かが在ることを示そうとするものだから。ウィトゲンシュタインがある本で「人は、はしごをのぼりつめたときには、それを、いわば投げ捨てなくてはならない」と注記したことは有名ですが、[5]私はこの精神を真の意味で共有したいと考えています。読者は、そして私自身もまた、本書で述べられた諸命題を「超えて」いかねばなりません。そしてその場合にこそ、アイロニーをもって生きることが、そして信仰に生きることが、可能になるのだと言えます。

もしあなたが――と、ここまで私と旅をともにしてくださった読者の一人ひとりに呼びか

[5]『論理哲学論』、222頁

けたいのですが――本書を「すがるべき」ものと見なすならば、あなたはある種の「狂信」に陥ってしまうでしょう。では、私自身はどうか。私は私自身の立場を「狂信」しているだろうか。

強調せねばならないのは、狂信を避けたいという願望が、いわば反転して、より深い次元の狂信を生みうる、という点です。結局のところ、私もあなたも、自分が真の信仰の側にいるのか狂信の側にいるのかを「絶対的に」確かめることはできません（なぜなら、自分が信仰の側にいることを絶対的に確信するとき、ひとは狂信に陥っているから）。それゆえ私たちは狂信の不安に「耐える」以外に道はないのです。私は耐えて一歩ずつ進んでいくよう精一杯努めたい――はたしてあなたはどうか。

私はいま40歳だ、と先に述べました。今後、ひょっとしたらすぐにでも不慮の事故で死ぬかもしれませんし、あるいは何十年か生きて病気や老衰によって死んでいくかもしれません。現段階で自分に言い聞かせておかねばならないことのひとつは、《本書の言葉は必ずしも死にゆく私自身にとって慰めになるものではない》ということです。

この本を書き終えた後――実に、この文を書いている時点で、執筆作業は残りわずかになっている――私はしばらくの間ひとつの作品を完成させた充実感に浸りうるでしょうが、「何か」を信じ求め続けるという真に重要な営みは続かざるをえません。繰り返しになりますが、本書の内部には救いはなく、本書それ自体に安心の言葉を求めるべきでもないのです

――とはいえ、この点の自覚が、いつかの救いに繋がらんことを！　こうした祈りもまた私の信仰の一部を形成しているのです。

時と永遠について一言述べることで仮の結びとさせて頂きたい。

重要な意味の永遠は「無時間的な」存在であるので、時と永遠の間には隔絶があると言えます。とはいえ、本書で見てきたところによると、時は少なくとも何らかの仕方で永遠と繋がっている。とりわけ、過去を後悔せず未来を不安に思わず現在と向き合うという時間的態度をとるとき、ひとは時間を「貫いて」永遠に「触れ」ます。この意味で、時と永遠の間には、何かしらの連続性があるとも言えるのです。

とはいえ、いま用いた「貫く」や「触れる」などの語はさらなる説明が必要な表現であり、実際には、永遠は私たちにとって文字通り「到達」できるものではありません。それはむしろ存在全体を包み込むものとして超越の次元に留まります。この意味で、人間という世界内部的存在は徹頭徹尾「時間的」であらざるをえない。これは、現在を踏み台にして跳躍しそれによって永遠に「触れた」と感じられるや否や、ふたたび過去と未来が攻め立ててくる、ということを意味します。

この本を閉じるとき、あなたもまた、永遠における「束の間の」安らぎを離れ、自らの過去と未来に囚われることになるでしょう。それは生が続く限り、たとえ死に近づきつつあるときでも、不断にそうであるのです。私たちは時間の内部で生き、そしてその果てに死ぬ。

これは、こうであらざるをえない。だが、こうした私たちにとっての限界が、必ずしも絶対的な限界ではない、と信じるとき、虚しさの支配から離れて生の道を一歩ずつ進むことができるのです。

あとがき

あるとき、ふと「自分はもう若者ではない」という気分に襲われた。すなわち、自分はいわゆる壮年期にあり、若者と同じであるわけにはいかない、という想いが追い払えぬものになったのである。若者に何かを伝える者にならねばならない、そして若者に伝えうる何かをもたなくてはならない、と追い立てるような声が心の中で繰り返される。

とはいえ《壮年であるとはどのようなことか》を反省すれば、私はひとつの答えとして〈もはや若者でないことを強いられること〉を見出さぬわけにはいかない。こうした観点に立つと、壮年期にある者は、そもそも他者に贈りうるものなど何ももたないにもかかわらず、そうしたものをもっている「かのように」振る舞うことを強いられている、と言えるかもしれない。いや、実際に、そうである。齢を重ねても、何皮か剝けば、結局は、何ももたない自分が現れる。としをとったからと言って、自分の根幹的な部分がより大きくなるわけではない。また、嘴（くちばし）の黄色い若者であっても、自己の核的な部分がそれ以後よりも小さいわけではない。個人としての自己がそのつど直面する問題に全身でぶつかっていく、という人生の構造はいつだって変わらない。時間をかけることはひとをある意味で「成長」させるのだが、それでも年齢や状況によっては変わらないものがあるのである。

——何が言いたいかというと、それは以下である。私は本書において読者に何かしらのことを伝えようとしてきた。とはいえ、贈ろうとしたものは人間の「核」に関わる何かであるので、神でない私はそれを他者に与えることができなかった。というか、そもそも私はこの点に関して他人に贈ることができるほどの「余り」をもっていない。私はけっきょく私でしかなく、私を生きるのに精一杯なのである。

それゆえ本書で私の行なったことは、何かを贈与することではなく、せいぜい自らを見せることに過ぎない。たまたま哲学に取り組み続けている私にとっては、「幸福」と「人生の意味」をめぐって自分の生き方を見せることが、自分の人生の問題へ向き合うことと一致したわけであるが、それではあなたの場合はどうか。何があなた自身の人生の問題へ向き合うことなのか。それはあなたにしか分からない。そしてあなたの手でしか「解決」できない。

以上の点に関連して、いくつかのことを言いたい。

私は、〈育てる〉と〈押しつける〉の違いを気に留めず、若者へ何かを伝え押しつけようとする壮年者がいるならば、彼女あるいは彼を責める。同時に、自らが何を積み重ねてきたのかが分からずに路頭に迷う壮年者を嘲り（あざけり）見下す若者がいるとすれば、彼あるいは彼女を責める。そして、こう述べることを通じて視線を自らに向けて、ときに他者を下に見てしまう自分を責め、《自らがまだ道の途上にいること、容易に道を誤りうること、自覚によって向かう先を匡していけること》を再確認する。

結局のところ——同じ点を繰り返すことになるが——私にとっては、根本的には、私自身だけが問題なのである。あなたにもあなた自身の問題がある。そして私はあなたの問題を解決することに繋がる何かしらのものをもっているわけではない。いや、そもそももっていないかどうかすら分からない。私はただ、あなたと同じように苦しみながら生きる人間のひとりに過ぎないのである。

あるいは、大学院に入った頃だろうか、もはや細部は忘れてしまったがテレビで、当時の私より少し年下の女性が鬼気迫る勢いでピアノを弾いていた。「何があなたをそこまで追い詰めるのか」というインタビュアーの問いに対して彼女は「怒り」と答えて悲しそうに笑った。このひとが何者かは記憶しておらず、ひょっとしたらすでに命を失っているかもしれないが、いずれにせよ私は彼女に敬意を抱いた。なぜなら彼女も自分の問題に必死で向き合っていると感じたからだ。

逆に、私が最も嫌悪するのは、生の安全で怠惰な継続が保証された環境において何にも真剣に向き合わずヘラヘラと笑い、そうした安全地帯から、何かに必死で向き合うひとを「お気の毒に」と嘲笑するひとびとである（とはいえ私は、そうした生き方をしていることそれ自体が彼らあるいは彼女らに対する最大の「罰」だ、とも考えているのだが）。私もこの本を、歯を食いしばって書いた。努力を誇っているわけではない。そうではなしに、他者および自己に対する真剣さを欠いた冷笑は本書が大切にしてきた姿勢から最もかけ離れたものだ、と言いたいのである。

この「あとがき」を書いているとき、東京の右翼の女性が沖縄に赴(おもむ)いてひとりで野外に立ち〈米軍基地を作るために辺野古の海を埋め立てること〉に反対の声をあげている、という記事を読んだ。いざというときにひとりで立てる、という生き方には内的な価値があると思う。安全地帯で「仲間」と群れて安易な同調のぬくぬくした心地よさに浸ってばかりの者たちは、権力の「自然な」流れに抗って負け戦を孤独に戦う彼女を「賢くない」と嘲るかもしれないが、逆にひとりで戦った経験のある者は、あるいはひとりで戦う気概のある者は、彼女を馬鹿にしたりはしないだろう。なぜなら、右派であれ左派であれ、そうしたひとにとって彼女は自分自身だからである。この意味で、ひとりで戦う者は必ずしもひとりではない。そして反対に、群れる者はそのことによってかえって自分を失いうるのである。

言いたいことはいろいろあるのだがひとつにまとめるとすれば、この世の中にひとりで戦うひとが私ひとりでないからこそ、私はひとりで戦うことができる、となるだろうか。私は本書を、究極的には、個人的な戦いの中で書いた。とはいえ同時に——最後まで一貫して「矛盾」させて頂くが——この本の完成までに多くの方々から直接あるいは間接の助力を得た。自立と依存は「弁証法的な」関係にあり、《十分に支えられてこそひとはひとりで立てる》ということも決して否定しえぬ真理である。とりわけ京都大学大学院文学研究科の海田大輔さんは、各節が書き上がる度に原稿に目を通して頂いただけにとどまらず、そのつど的確でときに批判的なコメントをくださった。書き手にとって、書いたものが正確に理解されることは、大きなエンカレッジメントになる。この本を最後まで楽しく書き進めることができたのは海田さんのおかげだ、と言わねばならない。

また、何年か前から科研費の研究課題である「『人生の意味』に関する分析実存主義的研究と応用倫理学への実装」（研究代表者は蔵田伸雄さん、課題番号は16H03337）に研究協力者として参加しているが、そこでの議論は本書執筆に際していろいろな面で役に立った。科研費番号を持たない私に研究への貢献の場を与えて下さる諸先生・諸先輩には心より感謝している。

トランスビューの高田秀樹さんは、すべての編集の労を引き受けて頂いただけでなく、本書の可読性を高める有益なアドバイスをいくつも提示してくださった。また、若き哲学徒である京都大学大学院人間・環境学研究科の岡田悠汰くんと三升寛人くん（2019年1月時点でともに修士課程在学）は、ゲラができた段階での校正作業に大いに協力してくれた。記して御礼に代えさせて頂きたい。

最後に、京都大学で博士号をとり、今は在野で哲学を続ける西村敦くんにも、語り尽くせぬ謝意を示さねばならない。私が「分析哲学的な」研究スタイルから離れた後、毎週、喫茶店で何時間も語り合い、〈違う仕方で哲学をすること〉を手助けしてくれたのが彼である。君との会話は――と西村くん個人へ語りかけさせて頂くが――論文や専門書を読むことよりも私にとって勉強になった。幸福な時間をありがとう。次は君が何かを書く番だ。

二〇一九年 春 「信仰は泳ぎつづけること」という北森嘉蔵の言葉を噛みしめて

山口 尚

幸福と人生の意味の哲学
なぜ私たちは生きていかねばならないのか

二〇一九年五月二〇日　初版第一刷発行
二〇二三年二月二〇日　初版第二刷発行

著者　山口尚

発行者　工藤秀之

発行所　株式会社トランスビュー
東京都中央区人形町二-三〇-六
郵便番号一〇三-〇〇一三
電話〇三（三六六四）七三三四
URL http://www.transview.co.jp

印刷・製本　中央精版印刷

ISBN 978-4-7987-0170-7 C0010